取締役・経営幹部のための

戦略会計入門

キャッシュフロー
計算書から
財務戦略がわかる

Financial Analysis
Corporate Value
Financial Statements
Strategic Accounting

株式会社日本能率協会コンサルティング
飯田真悟
Shingo Iida

日本能率協会マネジメントセンター

はじめに

　取締役・経営幹部は法的責任とともに業績責任を負います。取締役・経営幹部が業績責任を果たすために必要なビジネス・アカウンティング＆ファイナンスの知識・ノウハウとは何かを本書では紹介します。

　取締役・経営幹部には、3つのビジネス・アカウンティング＆ファイナンス能力が求められます。

取締役・経営幹部に求められる3つのビジネス・アカウンティング＆ファイナンス能力

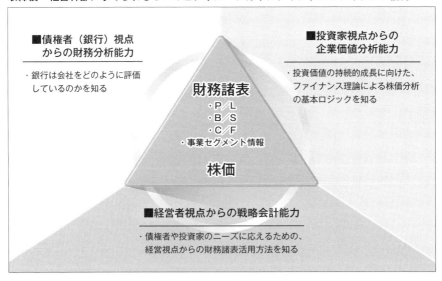

　まずは、会社の主要な利害関係者である債権者（主として銀行）や投資家が財務諸表から会社をどのように評価しているのかを知ることです。この両者では財務諸表の分析視点が異なります。

その上で、これらの主要利害関係者のニーズに応えるため、経営視点から財務諸表を分析する能力が取締役・経営幹部には求められます。ただしこれらの問いに正しく答えるには、その前提として財務諸表の基本知識が不可欠となります。

（1）そもそも財務諸表から何がわかるかを言えますか？

　取締役・経営幹部であるあなたは、そもそも財務諸表を説明できますか。

　残念ながら、財務諸表についてしっかりと説明できる取締役・経営幹部は、まだまだ少ないようです。

　財務諸表を理解するための重要な問いは、「財務諸表から何がわかるのか？」です。会計理解の出発点は、まさに財務諸表から何がわかるかを頭に叩き込むことにあります。その答えは次のとおりです。

①損益計算書から経営成績がわかる

②貸借対照表から財政状態がわかる

③キャッシュフロー計算書から財務戦略がわかる

　本書では、取締役・経営幹部に必要な3つのビジネス・アカウンティング＆ファイナンス能力について、具体的なノウハウを理解する上で最低限押さえておくべき、財務諸表の基本知識をまず紹介します。

（2）経営成績や財政状態を読み取るための定石を押さえていますか？

　最も財務諸表を活用しているのは債権者である銀行です。その銀行が財務諸表から経営成績や財政状態を把握するための財務諸表分析手法は、簡単な定石に要約できます。

　ややこしいのが、財務諸表で使われる専門用語です。特に現在は会計のグローバル化が進んでおり、日本の会計も大きな影響を受けています。そのため、専門用語等も変化し、会計を複雑怪奇にしています。

　しかし、安心してください。取締役・経営幹部は財務諸表を作るわけではな

く、活用できればよいのです。そのためには、各財務諸表の構造を大きく把握し、分析に必要な情報を抜き出せればよいのです。

本書では、「木を見て森を見ず」にならないようにするための、財務諸表の要約方法を説明し、日本の著名企業を事例にその分析方法を紹介します。

(3) 投資家視点からの企業価値分析手法を知っていますか？

企業価値の持続的成長に向け、ROE（株主資本利益率）が脚光を浴びています。

本書では企業価値を「株式時価総額」と考えます。そのベースとなる株価を分析するための重要な指標にPER（株価収益率）とPBR（株価純資産倍率）があります。

このROE、PER、PBRという3つの指標を用いて投資家視点から企業価値を評価し、その向上に向けた課題を分析するための基本ロジックを紹介します。

債権者や投資家がどのように会社を評価しているかを財務諸表や株価から読み取ることは、取締役・経営幹部が業績責任を果たすための前提でしかありません。

取締役・経営幹部は銀行や投資家のニーズに応え、その業績責任を果たすために、経営として何をなすべきかを明らかにする必要があります。

(4) 財務諸表から戦略を読み取れることを知っていますか？

損益計算書から経営成績がわかる。貸借対照表から財政状態がわかる。このことは、どの会計の教科書にも記載があります。

ところが、キャッシュフロー計算書から財務戦略がわかるということを明言した本は見かけません。そのため、本書はあえて「キャッシュフロー計算書から財務戦略がわかる」を副題としました。

財務諸表から戦略も読み取れるのです。さらに本書で第4の財務諸表と位置づけている事業セグメント情報から、企業戦略やその成果を読み取ることもできます。

(5) 取締役・経営幹部には事業経営視点からの財務諸表分析ロジックが不可欠

企業の戦略を客観的数値に基づき分析する手法を、本書では「戦略会計」と

呼んでいます。ただし、財務諸表は万能ではありません。いくら財務諸表を眺めても個々の事業の業績を改善するための課題を教えてくれません。

　財務諸表に示された経営成績を把握したうえで、経営視点から課題を抽出するための分析ロジックを押さえておくことが重要です。本書では、財務戦略や企業戦略だけでなく、事業経営そのものを分析し、課題を抽出するための分析ロジックについても紹介します。

　なお本書は取締役・経営幹部がその業績責任を果たすための入門書です。

　このため、会計ルールや専門用語を極めてわかりやすく、割り切った使い方をしています。厳密な用語定義は煩わしさを増すだけで、会計の体系的な理解の妨げになると考えています。このため、受験勉強には不向きな本であることをお断りしておきます。

　「財務諸表って意外におもしろいし、なるほど役に立つ」と思ってくれる取締役・経営幹部が一人でも増えることを願っています。

目次
CONTENTS

はじめに ……………………………………………………………………………… 2

1章 | そもそも財務諸表から何がわかるのか

▶ **1章-1.** 財務諸表を説明できるか ………………………………………… 14
- **1** P／L（損益計算書）から「経営成績」がわかる …………………… 15
- **2** B／S（貸借対照表）から「財政状態」がわかる …………………… 16
- **3** C／F（キャッシュフロー計算書）から「財務戦略」がわかる …… 17
- **4** 事業セグメント情報から企業戦略とその成果がわかる …………… 18

2章 | キャッシュフロー計算書が最も簡単な財務諸表

▶ **2章-1.** 家計簿の要約表がキャッシュフロー計算書 ………………… 20
- **1** キャッシュフロー計算書はたった5つのキーワードで理解できる … 20
  - 1-1. 家計簿要約表がキャッシュフロー計算書　　20
  - 1-2. 5つのキーワードとは　　21
  - 1-3. 3つしかないお金の使いみち　　23
  - 1-4. キャッシュフロー計算書の読み方　　24

▶ **2章-2.** あの世が近づくと必要になる我が家のバランスシート …… 26
- **1** B／Sの構造を理解するための3つのキーワード ………………… 26
  - 1-1. 純資産＝資産－負債　　27
  - 1-2. 債務超過とは　　28
  - 1-3. 固定資産評価は企業会計では取得原価が原則　　29
- **2** B／S＝ΣCF　～B／SとC／Fの関係～ ……………………… 31
  - 2-1. B／Sは累計のC／F（キャッシュフロー計算書）　　31
  - 2-2. 2期のB／Sから作成する間接法のC／F　　33
  - 2-3. 家計と企業の貸借対照表の違い　　34

3章 | キャッシュフローと利益計算の違い

▶ 3章-1. なぜFCFを経営成績と見なせないのか ······ 36
1 生涯利益＝生涯FCF ～P／LとC／Fとの関係～ ······ 36
　1-1. P／LとC／Fの違いは計上タイミングにある　36
　1-2. FCFを経営成績と見なせない4点の理由　37
　1-3. 利益計算の3つのキーワード　39
　1-4. 利益概念に訪れた大きな2つの変化　41
2 財務諸表の相互関係を1枚の絵にする ······ 44
　2-1. 13のキーワード　44
　2-2. B／Sを起点に財務諸表の相互関係を理解する　45
　2-3. P／LとC／Fの関係整理　47

▶ 3章-2. 押さえるべき2つの利益計算ルール ······ 48
1 黒字倒産の事例研究 ······ 48
　1-1. アーバンコーポレーションの経営指標推移　49
　1-2. 在庫増が黒字倒産の原因　50
2 利益計算に魔力を与えたたな卸資産の費用配分ルール ······ 52
　2-1. 利益計算は在庫を資産計上する～たな卸資産の費用配分～　52
3 固定資産の費用配分ルール ······ 55
　3-1. 固定資産の価値減少額を減価償却により把握する　55
4 営業CF≒当期利益＋減価償却 ······ 58
　4-1. 営業CFの推定能力を持つ　58
　4-2. 当期利益＋減価償却費＝減価償却費控除前利益とは　59

▶ 3章-3. グローバル化が進む会計ルール ······ 62
1 日本企業には3つの会計基準が認められている（金商法） ······ 62
　1-1. 財務諸表の公表を義務付ける2つの法律　62
　1-2. 金融商品取引法における財務諸表の特徴　63
2 連結財務諸表で押さえるべき作成ルール ······ 65
　2-1. グループ外への売上が連結売上となる　66
　2-2. 未実現利益は控除される　67
　2-3. 連結B／Sでは資本と投資勘定は相殺消去される　68
　2-4. 連結子会社の親会社以外の持分が「非支配株主持分」　69
　2-5. 親会社の子会社投資額と子会社の純資産との差額が「のれん」　70

要約（1章～3章） 72

4章 | 債権者（銀行）視点からの財務分析～財務諸表分析の3つの定石～

▶ 4章－1. 定石1：3視点分析で経営課題を知る 74
❶ 生産性・健全性・成長性が3つの視点 74
　　1-1．3つの代表指標　　74
❷ 生産性の代表指標がROA 76
　　2-1．経営者視点からのお金の生産性指標がROA　　76
　　2-2．ROAの年度別推移　　78
　　2-3．著名企業のROA比較　　79
❸ 健全性は自己資本比率で把握する 81
　　3-1．財政状態の健全性を示す代表指標が自己資本比率　　81
　　3-2．自己資本比率の平均値は20％～40％　　82
　　3-3．著名企業の自己資本比率　　83
❹ 比較年度がポイントとなる成長性分析 85
　　4-1．売上の成長性分析　　85
　　4-2．業種・業界で異なる成長性　　87
❺ 著名企業の3視点分析 88
　　5-1．著名企業の財務指標比較　　88
　　5-2．なぜ3視点が重要なのか　　91

▶ 4章－2. 定石2：ROAの原因分析 92
❶ 金儲けの原則にのっとりROAを分析する 92
　　1-1．ROA＝売上高経常利益率×総資産回転率　　93
　　1-2．効率性を示す総資産回転率　　94
　　1-3．収益性を示す売上高経常利益率　　96
　　1-4．自動車業界のROA分析　　97
❷ 収益性が高い（低い）原因を特定する 99
　　2-1．P／Lの表示ルールは段階的利益表示　　99
　　2-2．収益性分析は段階的利益表示を活用する　　102
　　2-3．自動車会社の収益性分析　　103
❸ 効率性が高い（低い）原因を特定する 106
　　3-1．B／Sは流動性配列法で表示されている　　106

- 3-2. 要約B／S作成の勧め　　108
- 3-3. 効率性分析〜なぜ総資産回転率が低い（高い）のか〜　　110
- 3-4. 自動車会社の効率性分析　　112
- 3-5. 分析結果の要約　　115

▶ 4章−3. 定石3：借入余力分析　　120

1 借金の水準はストックとフローの両面から診る　　120
- 1-1. D／Eレシオ　　120
- 1-2. 債務の償還年数は10年未満か　　122

2 スコアリングシートによる格付け　　124
- 2-1. あなたの会社はスコアリングシートで評価されている　　124

要約（4章）　　126

5章 ｜ 投資家視点からの企業価値分析

▶ 5章−1. 企業価値分析のための3つの指標　　128

1 PER・PBR・ROEが株価評価の代表指標　　128
- 1-1. PER＝株価÷1株当たり利益　　128
- 1-2. 株価のもう一つの代表指標がPBR　　130
- 1-3. ROEは株主視点の財務指標　　131
- 1-4. ROEの最低ラインは伊藤レポートでは8％　　134

2 資本コストを上回るROEを上げ続ける　　137
- 2-1. 株主資本にもコストがかかる!?　　137
- 2-2. 株式益回りが株主資本コストを示す　　138

▶ 5章−2. PBR＝ROE×PER　　142

1 株価分析マップによる企業価値分析　　142
- 1-1. PBR＝ROE×PER　　142
- 1-2. 著名企業の株価分析マップ　　144

2 PBR＝ROE×PERとは　　149
- 2-1. PBR＝ROE÷株式益回り（株主資本コスト）　　149
- 2-2. 「PBR＝ROE÷株主資本コスト」が示す3つの課題　　150

要約（5章）　　152

6章 │ 財務諸表の向こうに戦略が見える

▶ 6章-1. C／Fから財務戦略を把握する ……………………………… 154
1 キャッシュフロー計算書の要約方法 ………………………………… 155
　1-1. 要約C／Fの作成　　156
2 財務戦略の分析手法 ……………………………………………………… 161
　2-1. 絵にしてイメージアップ　　162
　2-2. 事業投資／償却費倍率で投資政策を分析する　　164
　2-3. 資金政策を判断する　　166
　2-4. 株主還元政策は「配当性向」「総還元性向」で判断する　　167
3 著名企業の財務戦略分析 ……………………………………………… 169
　3-1. 財務戦略のパターン分類　　169
　3-2. 財務戦略パターンごとの代表企業分析　　171
　3-3. ロイヤルロード型のファナック　　172
　3-4. リスクテイキング型の代表例がソフトバンク　　173
　3-5. 財務CF重視型には3つのパターンがある　　175
　3-6. CFからは再構築型に位置づけられる任天堂　　178
4 財務戦略の転換点をつかめ ……………………………………………… 179
　4-1. 投資政策の転換点　　179
　4-2. 財務CFの転換点　　181
　4-3. 著名企業9年間のFCF推移　　183
5 財務戦略立案の基本ロジック ……………………………………………… 185
　5-1. 将来のための金の使い方を明らかにするのが財務戦略　　185
　5-2. 財務戦略の策定手順　　187
　5-3. 財務戦略が決まれば目指すB／Sは描ける　　190

▶ 6章-2. 事業セグメント情報から企業戦略とその成果を読む …………… 192
1 マネジメント・アプローチに変わった事業セグメント情報 …………… 192
　1-1. 事業セグメント情報とは　　192
　1-2. 事業セグメント情報の分析手法　　194
2 キヤノンの業績の原因を探る ……………………………………………… 196
　2-1. 2001年度から2007年度までの企業戦略とその成果　　197
　2-2. 事業セグメントの変更による影響　　200
　2-3. 2007年度以降の新事業セグメント別企業戦略と成果　　201

2-4．キヤノンの中期経営計画の振り返り　　204
　要約（6章） ……………………………………………………………………… 208

7章 | 事業経営を分析する3＋1の視点

▶ **7章−1.** 業績原因を事業経営視点から分析する ……………………………… 210
　1 「事業・能力・成果＋環境」が3＋1の視点 ……………………………… 210
　　1-1．業績がなぜ良いのか（悪いのか）　　210
　　1-2．「事業戦略」と「事業戦略遂行能力」のいずれが問題なのか　　212
　　1-3．そもそも事業戦略とは何か　　214
　　1-4．「経営基盤能力」と「差別化能力」の峻別　　215
　　1-5．事業戦略会計のフレーム　　216
▶ **7章−2.** 取締役・経営幹部の業績責任とは …………………………………… 220
　1 いま株式会社に何が起きているのか ……………………………………… 220
　　1-1．リスキーな株式会社制度　　220
　　1-2．1929年アメリカでの世界大恐慌で一般投資家の保護が課題となる　　222
　　1-3．株式会社の暴走　　223
　2 日本企業の持続的成長に向けて …………………………………………… 226
　　2-1．中期計画とは何か　　226
　　2-2．なぜ、中期計画は実現できないのか　　229
　要約（7章） ……………………………………………………………………… 231

　本書に掲載している財務諸表等の情報については、金融庁が提供している【EDINET（Electronic Disclosure for Investor's NET work）】に公開されている各企業の有価証券報告を基に抜粋し、加工・作成しております。

　URL：http://disclosure.edinet-fsa.go.jp/

1章
そもそも財務諸表から何がわかるのか

1章-1

財務諸表を説明できるか

「それぞれの財務諸表について、何が書いてあるかを人に説明できる」

これが取締役・経営幹部に不可欠な、ミニマムの会計基本知識と私は考えます。

ところがこれが意外に難しいのです。取締役・経営幹部であるあなたは、財務諸表とは何かを部下や友人に説明できるでしょうか。

図表 I-① 財務諸表から「何がわかるのか」

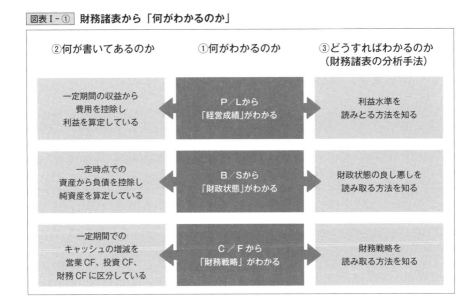

図表 I-①では、会計の基本知識を体系的に頭に残す方法を説明しています。ポイントはただ一つ。「何が書いてあるか」ではなく、真ん中に記載した「何がわかるか」をまず覚えることです。次に「何が書いてあるか」を理解し、そして最後に読み取るための財務分析手法を体得します。

「何がわかるか」という問いこそが、財務諸表を理解するための出発点です。最初は意味がわからなくてもよいので、頭の中に叩き込んでください。

1　P/L（損益計算書）から「経営成績」がわかる

　経営成績とは具体的には「利益」を指します。「利益」は「収益」から「費用」を控除し計算します。「利益」「収益」「費用」が損益計算書を理解するための3つのキーワードです。

　ここまでの説明で「そもそも経営成績とはなんだろう？」という疑問が生まれたのではないでしょうか。こんなシンプルな疑問を自ら発するようになれば、あなたのビジネス・アカウンティング＆ファイナンス能力は必ず高まります。

図表Ⅰ-②　利益＝収益－費用

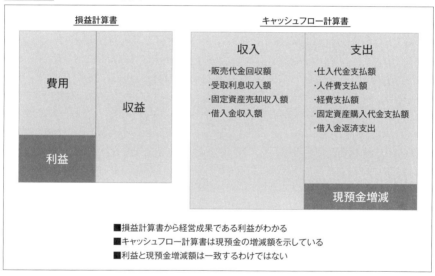

　似た言葉に「収入」と「支出」という言葉があります。しかし、会計では両者を厳密に区分して使います。「利益」は経営成績を算定するために考え出された概念で、その定義は「収益と費用の差額」ということになります。

　一方、「収入」と「支出」は、現預金の増減を表す言葉です。現預金の増減額は、財務諸表ではキャッシュフロー計算書に示されます。

　経営の成果は利益であり、現預金の増減額ではないのです。借金すれば現預金は増加します。しかし、あなたは儲かったとは思わないはずです。

1章　そもそも財務諸表から何がわかるのか　15

2 B／S（貸借対照表）から「財政状態」がわかる

　貸借対照表から財政状態がわかります。
　こう聞くと「財政状態とは何か？」という疑問が湧くのではないでしょうか。財政状態とは一言でいえば「純資産」を指します。
　貸借対照表では「資産」と「負債」の金額を明らかにし、その差額である「純資産」を計算します。貸借対照表を作成する目的は、まさにこの純資産を把握することにあります。

図表Ⅰ-③　B／S作成の目的は純資産の把握

資産（財産）	金額	負債（債務）	金額
現預金		A銀行 ・住宅ローン ・自動車ローン	
有価証券		叔父さんからの借金	
車		負債合計	
家		純資産	金額
土地		純資産 ＝資産合計(A)－負債合計(B)	
資産合計			

　ちなみにあなた自身の貸借対照表を作成してみてください。作成方法は簡単です。**図表Ⅰ-③**の空欄に金額を記入すればよいのです。
　資産の部には保有する資産とその評価額を記載します。ただし、資産総額そのものがすべてあなたのものかというと、そんな人は少ないはずです。不動産購入等のための借金があるからです。
　貸借対照表の右側には負債を記載します。資産と負債の差額があなたの正味財産すなわち純資産です。繰り返しますが、貸借対照表の作成目的である財政状態の把握とは、具体的にはこの純資産の把握を指します。

3　C/F（キャッシュフロー計算書）から「財務戦略」がわかる

　キャッシュフロー計算書には一定期間の現預金の増減額が記載されています。そのポイントは、現預金の増減額を「営業CF（キャッシュフロー）」「投資CF」「財務CF」の3つに区分表示している点にあります。

図表Ⅰ-④　キャッシュフロー計算書から財務戦略がわかる

キャッシュフロー計算書		→	キャッシュフロー計算書	
営業収入 A	営業支出 B		営業キャッシュフロー A−B	投資キャッシュフロー C−D
投資収入 C	投資支出 D		財務キャッシュフロー E−F	現預金増減額
財務収入 E	財務支出 F			
	現預金増減額			

■現預金増減額でなく、その増減原因が重要
・稼ぎだしたキャッシュをどう将来の生存と発展に向け使っているか、すなわち財務戦略がキャッシュフロー計算書には記載されている
・財務戦略が読み取れるように、営業、投資、財務キャッシュフローの増減を区分表示している

　企業が生存し発展していくには、まず利益を確保する必要があります。
　しかし、それだけでなく、将来の生存と発展に向けた投資が不可欠です。
　稼いだキャッシュ（営業CF）を借金の返済（財務CF）に充てている会社と、将来の投資（投資CF）に充てている会社では将来の成長性は異なるはずです。
　現預金の増減額を「営業キャッシュフロー」「投資キャッシュフロー」「財務キャッシュフロー」の3つに区分することにより、企業の財務戦略を読み取れるようにしているのです。それがキャッシュフロー計算書です。

4 事業セグメント情報から企業戦略とその成果がわかる

コンサルタントはよく、「セグメント」や「セグメンテーション」という言葉を使います。対象を「区分」するというのが、その意味です。

コンサルタントの仕事は企業等の問題解決のお手伝いです。問題をうまく解決するには、対象を区分することが重要です。対象を区分することにより、どこに問題があるかを絞り込むことが可能となります。

企業戦略を考える場合には、まず事業を区分し、どの事業の、何が問題なのかを明らかにします。事業セグメント情報は、企業グループ（会社）の財務諸表を、事業ごとに区分し、重要な財務指標を開示しています。

図表Ⅰ-⑤ **事業セグメント情報から企業戦略がわかる**

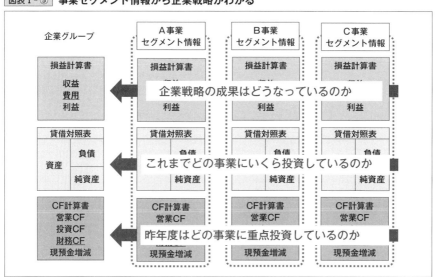

事業セグメント情報により、会社はどの事業に重点的に投資しているのか。投資した結果、業績はどうなったのか。まさに企業戦略を事業セグメント情報から読み取ることが可能となります。キャッシュフロー計算書から財務戦略が読み取れます。私が第4の財務諸表と位置づける事業セグメント情報から企業戦略とその成果が読み取れます。

2章
キャッシュフロー計算書が最も簡単な財務諸表

この章で伝えたいこと

　キャッシュフロー計算書は2000年から公表が義務付けられた**損益計算書、貸借対照表**に続く3番目の財務諸表です。最後に生まれたという経緯もあってか、会計の教科書では後半で補足的に説明がなされることが多いようです。
　しかし、財務諸表の中でもっともシンプルでわかりやすいのがキャッシュフロー計算書です。またキャッシュフロー計算書を理解したうえで、貸借対照表との関係や損益計算書との違いを理解すれば、財務諸表の全体像が頭に入りやすくなります。
　本章ではまず家庭を事例に、キャッシュフロー計算書と貸借対照表を説明します。

①営業・投資・財務キャッシュフローの違いを理解する
　わかりやすく言えば、キャッシュフロー計算書とは「家計簿の要約表」です。家計簿から現預金の増減額を営業キャッシュフロー、投資キャッシュフロー、財務キャッシュフローの3つに要約しています。この3つの違いをしっかりと理解してください。

②キャッシュフロー計算書と貸借対照表の関係を理解する
　財務諸表にはフロー情報とストック情報という2種類の情報が記載されています。キャッシュフロー情報は、その名のとおりフロー情報です。これに対し貸借対照表はストック情報です。本章で両者が密接な関係にあることを理解してください。
　キャッシュフロー計算書の作成方法には直接法と間接法があります。
　公表されているキャッシュフロー計算書は、間接法で作成されています。直接法は直感的にわかりやすいのですが、間接法で作成されているキャッシュフロー計算書を見ると誰もが混乱します。
　しかし、心配は無用です。取締役・経営幹部である皆さんは、間接法でキャッシュフロー計算書が作成できるようになる必要はありません。作成の考え方だけを理解すればよいのです。考え方のカギになるのがフローとストックの関係です。

2章-1

家計簿の要約表がキャッシュフロー計算書

1 キャッシュフロー計算書はたった5つのキーワードで理解できる

▶ 1-1. 家計簿要約表がキャッシュフロー計算書

　キャッシュフロー計算書、英語ではCash Flow Statement（略してC／F）と示されます。ここではA君の家計簿を事例に、C／Fを理解するための5つのキーワードを説明します。「NCF（ネットキャッシュフロー）」「営業CF」「投資CF」「財務CF」「FCF（フリーキャッシュフロー）」の5つです。

　図表Ⅱ-①からA君の1年間のお金の流れをイメージしてください。

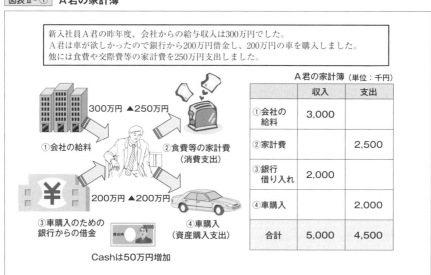

図表Ⅱ-① A君の家計簿

▶ 1-2. 5つのキーワードとは

A君の家計簿をC／Fとして示したのが**図表Ⅱ-②**です。この図で5つのキーワードを説明します。ここでは、まず直接法で説明します。

図表Ⅱ-② キャッシュフロー計算書を理解するための5つのキーワード（①〜⑤）

項　目	金　額
①営業CF	500
給与収入	3,000
家計費	▲2,500
②投資CF	▲2,000
車購入	▲2,000
③FCF（＝①+②）	▲1,500
④財務CF	2,000
借入金収入	2,000
⑤NCF＝③+④	500

（単位：千円）

収入：給与収入 3,000千円／借入金収入 2,000千円
支出：家計費 2,500千円／車購入 2,000千円
NCF 500千円

（1）NCF＝一定期間の現預金の増減額

まず単純に1年間の収入と支出を考えてみましょう。C／Fをイメージするときは、預金通帳を思い浮かべてください。預金通帳の入金欄には、給与収入の300万円と銀行からの借入金収入200万円が、支出欄には家計費250万円と車の購入支出200万円、合計で450万円が記載されています。

1年間の預金の増加額は50万円。この50万円の現預金の増加額を、私は便宜的にNCF（ネットキャッシュフロー）と呼んでいます。なぜか正式な略称がないためです。ネットはゴルフのグロスに対するネットと同じで、差引という意味合いです。

（2）営業CF＝給与収入等（営業収入）－家計費（営業支出）

営業CFは営業収入から営業支出を控除し、算定します。給与収入300万円

2章　キャッシュフロー計算書が最も簡単な財務諸表　　21

（営業収入）から家計費250万円（営業支出）を控除した50万円を営業CFと呼びます。給与収入を得るためには衣食住を賄わなければならないですし、多少（？）の娯楽も必要です。これらの消費支出（家計費）控除後の給与残高50万円が営業CFとなります。

なおA君に競馬の収入や、預金利息の収入があれば、これらの収入も営業CFに含まれます。営業キャッシュフローは英語ではCash flows from operating activitiesと呼ばれており、このオペレーティングを営業と訳しています。

（3）FCF＝営業CF＋投資CF

営業CFと投資CFの合計がFCF（Free Cash Flow）で、自由になるお金という意味です。もともと、FCFは財務や管理会計の世界で使われていた用語です。そこでは営業CFから事業の「維持投資」を控除した金額を指しました。事業拡大の投資は含んでいなかったのです。事業拡大に使うか、借金の返済に充当するかは自由だという意味でFCFと呼ばれていたのです。

しかし、投資内容を事業拡大投資と維持投資に厳密に区分けするのは難しく、公表されている財務諸表ではこの両者を特に区分表示していません。そのため、維持投資か事業拡大投資かに関係なくFCF＝営業CF＋投資CFと定義されるようになったようです。

（4）投資CF＝資産売却収入－資産購入支出

一方、資産購入（車購入）にあてた支出200万円を投資CFと呼びます。資産売却収入があれば加算しますが、この年度は特にありませんので、投資CFは▲200万円となります。将来A君が車を売却し収入があれば、その時点で資産売却収入が計上されます。

（5）財務CF＝借入金収入－借入返済支出

銀行からの借金＋200万円は財務CFとなります。いつかは給与収入から返済しなければいけない収入です。しかし、借金であっても一旦は通帳の入金欄に記載されるため、この事例では財務CFはプラス（＋）となります。もちろん将来、返済を行った場合はマイナス（－）表示されます。

▶ 1-3. 3つしかないお金の使いみち

　C／Fではキャッシュの動きを営業CF、投資CF、財務CFの3つに区分します。一般に、何かを3つに分けるのは難しいものですが、支出サイドから眺めると、この3つの区分が理解しやすくなります。

図表Ⅱ-③　キャッシュフローの区分ルール

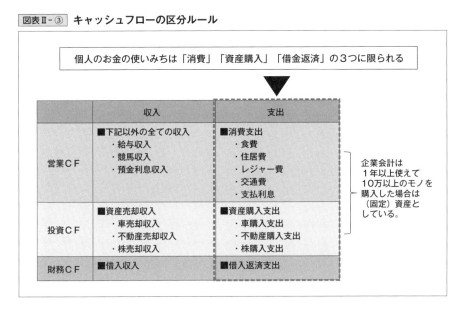

　会計は、支出サイドからはお金の使いみちを3つに区分します。「消費支出」「資産購入支出」「借金返済支出」の3つです。自分のお金の支出を考えてみてください。必ず、この3つのどれかに分けられるはずです。

　よく考えると難しいのが消費と資産の区分です。企業会計では1年以上使用可能で、かつ10万円以上のものを資産購入支出と、会計は割り切って考えます。

　一方、借金による収入や資産売却による収入以外のあらゆる収入は営業収入となります。A君の場合は、給与収入しかありませんが、パチンコで勝った、競馬で勝った、宝くじで当たったといった、これらすべての収入は営業CFとなります。

▶ 1-4. キャッシュフロー計算書の読み方

図表Ⅱ-④にキャッシュフロー計算書（C／F）の読み方を記載しています。①から⑤までを声に出して読んでみてください。

figure Ⅱ-④ キャッシュフロー計算書の読み方

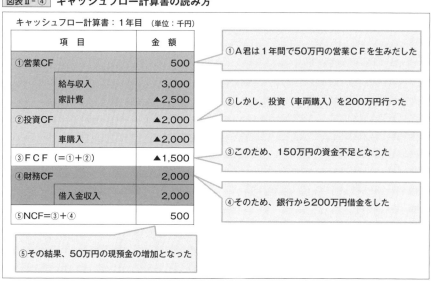

どうでしょう、お金の動きが構造的に把握できたのではないでしょうか。

なお、出金は▲（マイナス）表示するのがC／Fの作成ルールとなっています。これは損益計算書にはないC／Fの特徴です。

これでC／Fについての基本知識は皆様の頭に入ったことになります。キャッシュフロー計算書は英語ではCash Flow Statementです。そのため、略称はC／Sと示されることもありますが、多くの場合には既に述べたようにC／Fの略称を使います。本書でもC／Fを用いて解説していきます。

なお単純なキャッシュフローを指す場合にはCFと表記します。C／F（キャッシュフロー計算書）とCF（キャッシュフロー）の使い分けにご注意ください。

2章　キャッシュフロー計算書が最も簡単な財務諸表

2章-2
あの世が近づくと必要になる我が家のバランスシート

1 B／Sの構造を理解するための3つのキーワード

　B／S（ビーエス）はBalance Sheetの略です。

　貸借対照表のことですが、略してB／Sと表記します。私も貸借対照表と長く言うのが面倒で、ビーエスと呼んでしまいます。

　皆さんが若く資産も少ないうちは、家計簿でも個人の財産管理は十分と言えます。しかし、歳をとってくると貸借対照表の必要性を感じるはずです。相続の問題が生じるからです。

　お金持ちになればなるほど、どんな資産がどの程度あるか、わからなくなるものです。また、お金持ちでも資金運用や相続税対策のために借金もあります。このため、資産から負債を控除した純資産がいくらあるかは、即座に答えられないはずです。

　この純資産を把握するために作成するのが貸借対照表です。貸借対照表の作成目的は、財政状態の把握です。財政状態とは具体的には正味財産、すなわち純資産の金額を指します。そして純資産の金額を算定するには、「資産」と「負債」の金額を把握する必要があります。したがって、「純資産」「資産」「負債」の3つが貸借対照表を理解するためのキーワードとなります。

　企業のB／Sを理解するには、このほかに「払込資本」と「内部留保」という2つのキーワードを理解する必要があるのですが、この2つのキーワードは別途説明します。

▶ 1-1. 純資産＝資産－負債

（1）一定時点の純資産（資本）算定がB／Sの基本目的

「資産」「負債」は一般用語としても通用するため、特に説明はしません。A君の事例で言えば、現預金50万円と車200万円の合計250万円が資産の金額となります。

負債は車を購入した時の銀行からの借入金200万円です。まだ返済はしていないので借入金の総額が負債の金額となります。この資産金額250万円から負債金額200万円を控除した50万円が、A君の1年目の純資産金額となります。これを示したのが**図表Ⅱ-⑤**です。

図表Ⅱ-⑤ B／Sは決算日のストック情報

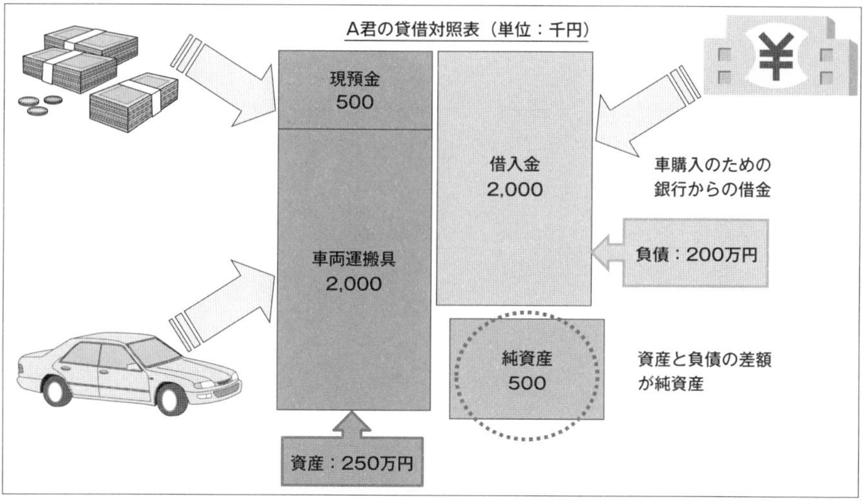

A君の貸借対照表（単位：千円）

現預金 500	借入金 2,000	車購入のための銀行からの借金
車両運搬具 2,000		負債：200万円
	純資産 500	資産と負債の差額が純資産

資産：250万円

図表Ⅱ-⑤のようにB／Sでは左側に資産を記載し、右側に負債と純資産を記載します。B／Sの作成目的は財政状態の把握にあると最初に言いましたが、財政状態とは具体的にはこの純資産の把握にあります。

純資産は以前、資本と呼んでいたので、今でも資本と呼ばれることも多いようです。「資産」「負債」そしてその差額である「純資産」がB／Sを理解するための3つのキーワードです。

▶ 1-2. 債務超過とは

なぜ車の評価額が200万円なのか疑問を持った方も多いのではないでしょうか。A君の1年目のB／Sを時価ベースで作成したのが**図表Ⅱ-⑥**です。

家庭のB／Sを作成する目的は、相続対策です。相続対策であれば時価評価が妥当のように思えます。車の時価を半分の100万円とするとA君のB／Sは下図のように、純資産はマイナス50万円となります。

図表Ⅱ-⑥ B／Sを時価評価で作成すると

```
A君の貸借対照表 (単位:千円)

現預金        借入金
500          2,000        ← 車購入のための
                            銀行からの借金
車両運搬具                    負債:200万円
1,000
              純資産        200万円の借金に対
資産:150万円   ▲500        し充当しうる資産は
                            150万円しかない!!
```

（1）債務超過で倒産リスクは一気に高まる

このように純資産がマイナスの状態を「債務超過」と呼びます。借金は200万円あるのに、返済資金は現預金50万円と車の100万円で150万円しかありません。仮にA君が死亡するようなことがあれば、親が50万円の借金を肩代わりしなければいけない状態にあることを示しています。

銀行からすると債務超過とは、すでに負債金額が資産金額を上回っており、お金を貸しても担保される資産がないことを意味します。このため、基本的に銀行はお金を貸してくれません。したがって、会社が債務超過に陥ると倒産リスクは一気に高まります。

▶ 1-3. 固定資産評価は企業会計では取得原価が原則

　資産と負債の差額が純資産ですから、資産や負債をどんな考え方で評価するかは重要な問題です。ところが資産評価には取得原価基準と時価基準という2つの考え方があり、いずれの基準を採用するかは、会計学始まって以来の永遠の課題といえます。

　現在の評価に対する、おおよその考え方は**図表Ⅱ-⑦**のとおりです。金融資産・負債と事業用資産・負債とで異なります。

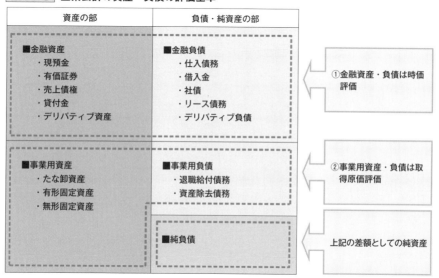

図表Ⅱ-⑦　企業会計の資産・負債の評価基準

（1）金融資産・負債は時価評価が原則

　金融資産・負債とは現預金、売上債権・仕入債務等の金銭債権債務及び有価証券や貸付金等の資産運用による利殖目的で保有する資産です。これらの金融資産については、時価評価が原則です。

（2）事業用資産・負債は取得原価評価が原則

　一方、たな卸資産や有形・無形固定資産に代表される事業用資産は、取得原価が原則となります。

＜コラム＞
①もともとは時価評価だった
　世界で初めて資産の評価ルールを実質的に明確化したのは1861年のドイツ商法です。当時は時価評価が原則でした。
　時価評価の弱点は客観性です。客観的な市場情報がなく、経営者が勝手に評価額を決めることが可能です。このため、経営者の恣意性が入りやすく、客観性に欠ける時価評価は長続きしませんでした。

②時価評価の欠点を補うために取得原価評価が考えだされた
　その後、会計は損益計算書による利益計算を重視し、取得原価による資産評価を原則としてきました。財務諸表の中心は、損益計算書による利益計算であり、利益計算のためにはB／Sは取得原価により評価すればよいというのがその考えです。
　取得原価による評価ですから、B／Sの客観性は高まります。反面、B／Sはリアリティに欠けることになります。

③国際会計基準はリアリティのあるB／Sを目指している
　ところが最近は、国際会計基準等で時価評価が叫ばれ、日本でも有価証券等に時価評価が導入されています。
　現在の評価ルールは、先ほど述べたように金融資産・負債は時価評価、事業用資産負債は取得原価となっています。しかし、国際会計基準ではリアリティのあるB／S作成を旗印に、完全なる時価評価導入を目指していると言われています。
　ただ、時価評価を行うことは客観性の面で問題があることは事実です。このため有価証券等について時価評価を行うことは、一部の会計学者等から批判の声があがっています。

2　B／S＝ΣCF　〜B／SとC／Fの関係〜

　会計は企業活動をフローとストックの両面から捉え、その実態を示そうとします。C／F（キャッシュフロー計算書）はその名のとおり、フロー情報です。
　一方、B／S（貸借対照表）は一定時点の財政状態を示すストック情報です。ここではフローとストックの関係を事例で確認してみます。

▶ 2-1.　B／Sは累計のC／F（キャッシュフロー計算書）

　図表Ⅱ-⑧ではA君の2年目のお金の動きからC／FとB／Sを記載しています。まずは、お金の動きとC／Fが一致していることを確認してください。

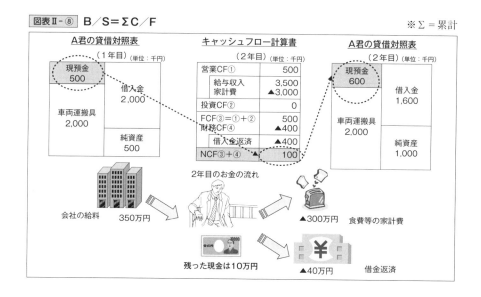

　A君の2年目のお金の動きは給与収入350万円。支出は家計費▲300万円、借入金返済▲40万円の▲340万円です。従って、NCFは差額の10万円です。
　C／Fでは営業CFは50万円（給与収入350万円－家計費300万円）、投資CFは0円、FCFは50万円です。財務CFが▲40万円なのでNCFは10万円です。

2章　キャッシュフロー計算書が最も簡単な財務諸表

（1）当期のB／S＝前期のB／S＋当期のC／F

　2年目のB／Sは資産総額260万円、負債160万円、差額である純資産は100万円となります。

　総資産の内訳は現預金60万円（前期末残高50万円＋当期NCF10万円）と固定資産200万円（前期末残高200万円＋当期投資CF0円）です。

　負債は借入金160万円（前期末残高200万円＋当期財務CF▲40万円）です。

（2）B／Sは設立以来のキャッシュフロー計算書

　図表Ⅱ-⑨では累計のC／F（ΣC／F）を示しています。

　C／Fの累計額が、B／Sの数値と一致していることが確認できます。

図表Ⅱ-⑨　B／Sは設立以来のC／F

C／F（2年間累計）　　　　　　　　　　（単位：千円）

	1年目	2年目	累計
営業CF	500	500	1,000
投資CF	▲2,000	0	▲2,000
財務CF	2,000	▲400	1,600
NCF	500	100	600

A君の2年目貸借対照表＝2年間のC／F　（単位：千円）

現預金（NCF）▲600	借入金（財務CF）1,600
車両運搬具（投資CF）2,000	純資産（営業CF）1,000

　営業CFの累計額はB／Sの純資産、投資CFの累計額は車両運搬具の残高、財務CFの累計額は借入金残高、そしてNCFの累計額は現預金残高と一致していることが確認できると思います。

　2年間の累計フロー情報が、2年目における年度末のストック情報になることを示しています。すなわちストック情報であるB／Sは、個人で言えば働き出してからの、会社で言えば設立以来の累計C／Fともいえます。

▶ 2-2. 2期のB／Sから作成する間接法のC／F

この両者の関係は、2枚（2期）のB／Sがあれば、その両期間のフロー情報であるC／Fが作成できることを示しています。

図表Ⅱ-⑩では、A君の就職初年度末と2年度末のB／Sから2年目のC／Fを作成しています。B／Sの現預金の増減額はNCF、車両運搬具の増減額は投資CF、借入金の増減額は財務CF、そして純資産の増減額は営業CFを示していることが確認できます。

図表Ⅱ-⑩　2期間のB／SからC／Fは作成できる（間接法でのC／F作成方法）

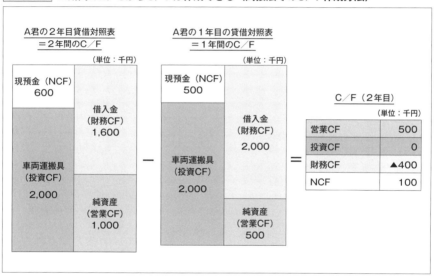

間接法で作成されたC／Fの営業CFの内訳は、極めてわかりにくく、混乱します。ここでは、例えば当年度と前年度の2期間のB／Sがあれば当年度のC／Fが作成できるという基本原理だけを頭に入れておいてください。

これまで家庭の例で説明してきましたが、両者の基本的な関係は会社でも同じです。ただし、資産や負債が取得価額で評価されることが前提となります。

2章　キャッシュフロー計算書が最も簡単な財務諸表　33

▶ 2-3. 家計と企業の貸借対照表の違い

　企業と家計には様々な違いがありますが、B／S構造からは企業における株主の存在が大きな違いとなります。企業が事業を営むための資金調達方法には、有利子負債と株主からの出資の2つがあります。
　有利子負債による資金調達は企業でも家計でも負債の部に記載されます。
　株主からの出資金額は返済義務がないため、企業では負債ではなく純資産に示されます。

図表Ⅱ-⑪　企業と家計のB／S構造の違い

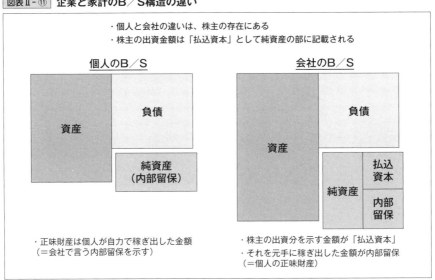

　したがって、企業の純資産は払込資本と内部留保に大きく区分されます。
　一方、家計には株主はいませんので、純資産は内部留保しかありません。

3章
キャッシュフローと利益計算の違い

この章で伝えたいこと

①2つのフロー情報の関係を理解する

　財務諸表はP／LとC／Fという2つのフロー情報があります。このため、この2つのフロー情報の違いや、関係を理解することが財務諸表の全体像を理解する上では重要となります。

　家庭の場合は、経営成績をC／Fから推定することは可能です。しかし、会社の場合はC／Fから経営成績を把握することはできません。そのため、わざわざP／Lを生み出したのです。

　企業のC／Fからは、なぜ経営成績が把握できないのか。その理由を理解すれば、P／LとC／Fの違いがわかるようになります。この点に留意しながら読んでください。

②「勘定合って銭足らず」がなぜ生じるのか

　「勘定合って銭足らず」は、いわゆる黒字倒産を端的に示す言葉です。

　P／Lから経営成績を把握できるように、会計はさまざまなルールを作っています。P／Lは経営成績を示すために、現金の入出金時点とは異なるタイミングで収益や費用を計上します。どのタイミングで、どのように収益や費用を計上するのかを定めたのが会計ルールです。

　たくさんの会計ルールがあるため、皆さんがこれをすべて覚えるのは大変です。ただし、ぜひ理解していただきたいルールが2つだけあります。「たな卸資産と固定資産の費用配分ルール」です。「在庫評価と減価償却費のルール」とも言えます。細かな算定ルールは覚える必要はありませんが、どんな考え方に基づき算定しているかを理解してください。

　そのうえで、利益には経営成績を把握できるという大きなメリットを持ちますが、一方でデメリットを持っていることを理解することが重要です。

　なお、本章では最後に国際会計基準や連結財務諸表についても、必要最低限の説明をしています。

3章-1

なぜFCFを経営成績と見なせないのか

1 生涯利益＝生涯FCF　～P／LとC／Fとの関係～

▶ **1-1．P／LとC／Fの違いは計上タイミングにある**

　損益計算書は英語でProfit & Loss Statementと呼ばれることからP／Lの略で示され、ピーエルと呼ばれています。本書でもP／Lの略称で示します。

　同じフロー情報であるP／LとC／Fの関係を示したのが**図表Ⅲ-①**です。

図表Ⅲ-①　C／FとP／Lの関係は生涯FCF＝生涯利益

項　目	1年目	2年目	3年目		生涯計
営業活動CF					
投資活動CF					
FCF				・・・	
財務活動CF					
借入金収入					
借入金返済支出				・・・	
株主出資					
株主配当					
現預金の増減額				・・・	0

単年度では当期利益とFCFは異なる

企業の一生涯の利益金額累計とFCF累計額は一致する

項　目	1年目	2年目	3年目		生涯計
収益					
費用				・・・	
当期利益					

　終わり方はいろいろですが、どんな企業も必ず終わりを迎えます。

　その時に計算される生涯FCFは生涯利益と一致します。この点を覚えておくことが両者の関係を理解するポイントとなります。生涯FCFと生涯利益累計額が同じということは、両者の違いは計上タイミングにあることになります。

▶ 1-2. FCFを経営成績と見なせない4点の理由

計上タイミングが異なるということは、C／Fはキャッシュの入出金時点で計上しますが、P／Lの収益、費用は入出金時点で計上されるわけではないということです。

もし、FCFを経営成績と見なすことができれば、わざわざ会計はP／Lを考え出す必要はありませんでした。

では、なぜFCFでは経営成績を示せないのでしょうか？

FCFを適正な経営成績と見なせない主要理由は**図表Ⅲ-②**に記載した４点（①〜④）の疑問が生じてしまうからです。

図表Ⅲ-② **短期業績評価指標としてのFCFの問題点**

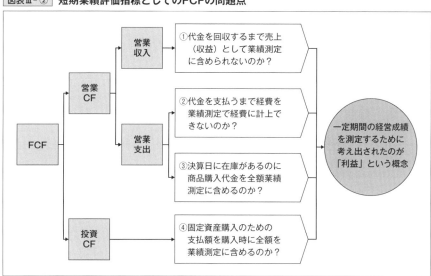

（１）代金の回収時点まで売上計上できないのか？

信用経済の発展に伴い、小売やサービス業を除いては、一般に商品の引渡し時点で、現金を回収することはまずありません。現金を回収しなければ売上げを計上できないというのは、いささか経済の実態からかけ離れています。

（２）代金の支払い時点まで経費計上できないのか？

　会社では原料や事務用品を購入しても即座に現金を支払うことはまれです。当月末締め・翌月末払い等の支払いサイトを決めています。このため現金を支払った時点ではなく、物品を消費し、サービスを受けた時点で経費を計上したほうが、適正な経営成績を把握できます。

（３）在庫を含めた支出額を経費計上して良いのか？

　商品は購入しても決算時点までにすべて販売できるとは限りません。一部は在庫として残るのが普通です。しかし、FCFには、商品販売の有無に関係なく、商品購入のための支出額全額が含まれることになります。

　仕入れた商品の購入支出金額全額を売上から控除するよりも、売却した商品の購入支出金額だけを売上から控除するほうが適正な経営成績が示せるのではないでしょうか。

（４）固定資産を取得した時に一括して費用計上するのか？

　企業にとって、将来の経営成果を得るために設備投資を行なうことは不可欠です。大型の設備投資を行えば、FCFがマイナスになることも珍しくはありません。投資するたびに、FCFがマイナスとなり、経営成果がFCFで評価されるとしたら、経営者は大型投資の意思決定はできなくなってしまいます。

　FCFを経営成績と見なすうえで、最も大きな障害となるのがこの固定資産です。上記の（１）から（３）も確かに問題ですが、その影響額は固定資産の影響額と比較すると微々たるものです。

　このようなFCFが持つ欠点を補い、経営成績を適正に把握するために考えだされたのがP／Lです。P／Lの特徴は、現預金の入出金計上時点とは異なる時点で、収益や費用を計上するルールを作り、その差額を利益と定義して適正な経営成績を示すようにした点にあります。

▶ 1-3. 利益計算の3つのキーワード

P/Lの作成目的は一定期間の経営成績の把握であり、経営成績は利益で示されます。利益は収益から費用を控除した金額というのが会計の利益の定義です。収益、費用、利益の3つがP/Lを理解するためのキーワードです。

そんなP/LとC/Fの関係を示したのが**図表Ⅲ-③**です。

図表Ⅲ-③　損益計算書とキャッシュフロー計算書の関係

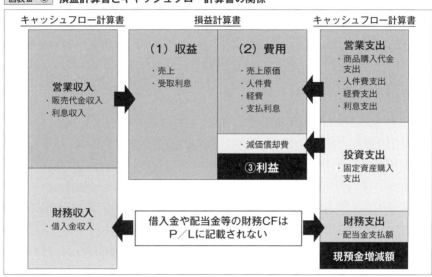

（1）収益

企業の商品やサービスの提供対価が収益です。

収益の代表が売上ですが、この他に受取利息・配当や固定資産の売却益等があります。

図表Ⅲ-③では営業収入と収益の大きさが違いますが、計上タイミングによる差を表しています。利益計算では、現金回収時点でなく販売時点で収益が実現したと考え、売上計上を行います。これを「実現主義の原則」と呼び、収益計上の基本原則となっています。

具体的には売上は販売時点で計上します。販売時点と契約時点は異なることに留意してください。日本の会計基準では、一般の物品販売については会社の

倉庫を出荷した時点で売上計上を行います。これを出荷基準と言いますが、販売する物品や販売形態によって様々な計上ルールが定められています。

（2）費用
①売上に対応する商品原価が売上原価となる
　一方、収益を生み出すために消費した財貨（材料等の物品）やサービスの対価が費用です。製品や商品の原価が費用の代表例で、これらは売上原価としてP／Lに計上されます。
　図表Ⅲ-③では商品購入代金支出額がC/Fに記載されていますが、P/Lでは売上原価となっています。購入した商品のうち、売上計上された商品に対応する商品購入代金支出額が売上原価として費用計上されます。

②人件費や経費は発生額を費用計上する
　費用は対価の支払い時点ではなく、物品を消費し、サービスを受けた時に計上すべきと考えます。これを「発生主義の原則」と呼んでいます。
　例えば人件費ですが、皆さんが退職したときに支払われる退職金も、働いている期間ごとの発生金額を見積もり、費用計上されます。事務用品消耗品費も使った分だけが費用計上されます。

③固定資産は使用期間に渡り費用を分割計上する
　P/LとC/Fの計上額で大きな差が出るのが固定資産購入支出です。
　P/Lでは固定資産は使用期間に渡り費用が減価償却費として分割計上されることになります。減価償却費については後ほど補足説明します。

（3）利益
　このように計算された収益と費用の差が「利益」であると会計は定義しています。
　なお図表Ⅲ-③のとおり、借入金や配当金等の財務CFはP／Lに記載されることはありません。FCFが利益と対応していることはすでに説明したとおりです。

▶ 1-4. 利益概念に訪れた大きな2つの変化

　会計の基本概念となる利益ですが、会計のグローバル化に伴い、大きな変化が2つありました。ただし、ルールが完全に統一化されているわけではないため、すっきりとした説明にはなっていません。

（1）金融資産・負債の時価評価が包括利益を生み出した

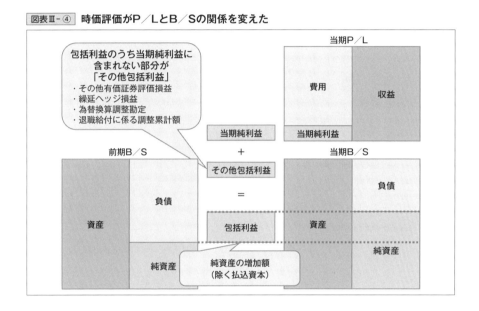

図表Ⅲ-④　時価評価がP／LとB／Sの関係を変えた

　P／Lで示される最終利益は当期純利益ではなく、包括利益となっています。わかりにくい名前です。日本や米国の会計基準は収益から費用を控除した金額が利益であると考えています。

　ところがB／Sを重視する国際会計基準では純資産の増加額が利益と考えます。過去においては、この当期純利益と純資産の金額は一致していましたが、金融資産・負債に時価評価を導入した時点で、一致しなくなったのです。

　式で示せば、「包括利益」＝「当期純利益」＋「当期純利益を構成しない純資産の増加分」となります。例えば、長期保有目的の有価証券は金融資産・負債なので時価評価が行われますが、利益は実現していないので「当期純利益を構成

しない純資産の増加分」となります。

はた迷惑な話で、財務諸表を読もうとする人にとっては、極めてわかりにくい話です。会社法でも包括利益の開示は求められておらず、本書では、混乱を避けるため「包括利益」は無視しています。

(2) 経済的単一説に変わった

もう一つの大きな変化は連結財務諸表の当期純利益に関する変化です。

変更のポイントは以下の2点です。

① 「少数株主持分」を（IFRSと同様に）「非支配株主持分」へ表示変更する
② 現行では「当期純利益」は少数株主損益を控除して算定されていたが、（IFRSと同様に）少数株主損益を含める

そもそも連結財務諸表は誰のために作成するのかという、基本的な考え方に変化が生じたのです。（※IFRS＝国際財務報告基準）

図表Ⅲ-⑤ 親会社説VS経済的単一説

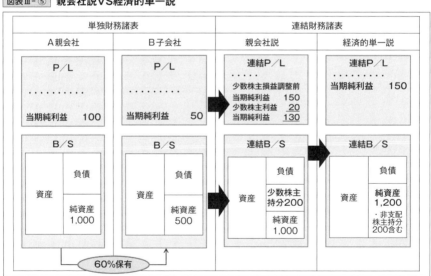

そもそも誰のために連結財務諸表を作成するのかという観点から「親会社説」と「経済的単一説」という2つの考え方がありました。

図表Ⅲ-⑤ではA親会社はB子会社の株式の60％を所有しています。

親会社説ではA親会社の利益100にB子会社利益50の60％分である30を加算した130が当期純利益ですが、経済的単一説では持分に関係なく単純合算した150が当期純利益となります。

（3）当期純利益には非支配株主持分を含むようになった

①従来、日本では「親会社説」を採用していた

親会社説では、連結財務諸表は親会社のために作成されるべきだと考えます。このため、子会社の利益のうち親会社の株主の持分のみを連結上の当期純利益に反映させます。従来の考え方で、日本もこの考えを採用していました。

②国際会計基準等に一致させるため「経済的単一説」に変更された

これに対し経済的単一説では、親会社も子会社も経済的に単一体とみなします。連結財務諸表は親会社株主のみならず、企業集団を構成する親会社および子会社のすべての株主のために作成されるべきであると考えます。

このため、少数株主も連結グループに対する出資者と位置づけ、持分に関係なくすべて連結利益として計上します。国際会計基準や米国会計基準が採用している考え方で、日本もこの考えに変更しました。

2015年4月1日以後に開始された連結会計年度から、従来の「少数株主損益調整前当期純利益」が「当期純利益」となりました。この変更は、2015年度の第1四半期（4〜6月期）から適用されています。

なお、経済的単一説に基づく利益表示に変更されたことに伴い、少数株主持分という名称は「非支配株主持分」に改められました。

（4）ROE等の財務指標の算定方法は従前どおり

上記変更に伴い、ROE等の財務指標の算定方法はどう変わるのかという疑問が生じます。日本ではROEの分子の利益は、「親会社株主に帰属する当期純利益」となり、ROEの計算方法は改正後も実質的には変更されません。

日本は形式的には国際会計基準と一致させたのですが、実質的には親会社説を捨てておらず、混乱します。本書では連結P／Lの「当期純利益」は、「非支配株主持分控除前利益」を指します。

2 財務諸表の相互関係を1枚の絵にする

それではC/F、B/S、P/Lの関係を1枚の絵で整理してみましょう。

▶ 2-1. 13のキーワード

まずはこれまで説明してきたキーワードを確認していただきましょう。

図表Ⅲ-⑥に示したように、C/Fで5つ、P/Lで3つ、B/Sで5つの計13のキーワードとなります。

図表Ⅲ-⑥ 財務諸表の相互関係を理解するための13のキーワード

C/F（キャッシュフロー計算書）	
①営業CF	営業活動（調達・生産・販売等の事業活動）により獲得したキャッシュと、支出したキャッシュの差額
②投資CF	投資活動（固定資産の取得・売却）により獲得したキャッシュと、支出したキャッシュの差額
③FCF	営業CFと投資CFの差額
④財務CF	財務活動（資金調達・返済・配当等）により獲得したキャッシュと、支出したキャッシュの差額
⑤NCF	一定期間のキャッシュの増減額、FCFと財務CFの合計額

P/L（損益計算書）	
①収益	企業活動の結果、企業に流入した価値の増加分
②費用	企業活動の結果、企業から流出した価値の減少分
③利益	収益と費用の差額

B/S（貸借対照表）		
①資産		過去の事象の結果として企業が支配し、かつ将来の経済的便益が企業へ流入することが期待されるという2つの要件を満たす資源
②負債		過去の事象から発生した当該企業の現在の債務
③純資産		資産と負債の差額
	④払込資本	株主が出資した金額
	⑤内部留保	利益のうち、配当されずに内部に留保された金額の累計額

上記の13のキーワードを使いながら、財務諸表の相互関係を1枚の絵に示したものを次頁より説明していきます。

▶ 2-2. B／Sを起点に財務諸表の相互関係を理解する

図表Ⅲ-⑦ 財務諸表の相互関係

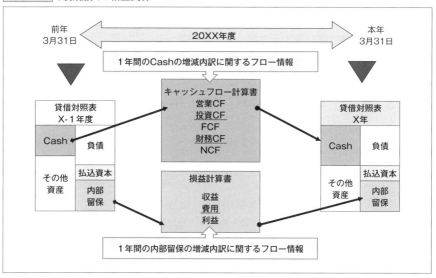

（1）B／SとC／Fの関係

B／Sの左側には資産の部があります。この資産の部で重要な情報はキャッシュすなわち現預金です。

図表Ⅲ-⑦で右に本年度末の現預金が、左には昨年度末の現預金が記載されています。この1年間の現預金の増減額を、営業CF、投資CF、財務CFの3つに区分し、示しているのが図の中央上段に記載したC／Fです。

C／Fは間接法により2期間のB／Sから作成できることは、すでに述べたとおりです。

（2）B／SとP／Lの関係

一方、B／Sの右側で最も重要なのは純資産です。資産から負債を控除した金額が純資産です。純資産は払込資本と内部留保から構成されています。払込資本は株主の出資額、内部留保は利益のうち配当せずに内部に留保された金額を示しています。

P／Lでは収益から費用を控除し利益を算定します。この利益金額は内部留保の増加額となります。ただし、内部留保は配当により減少します。
　この関係を**図表Ⅲ-⑧**に示しています。

図表Ⅲ-⑧　内部留保＝累計利益－累計支払い配当

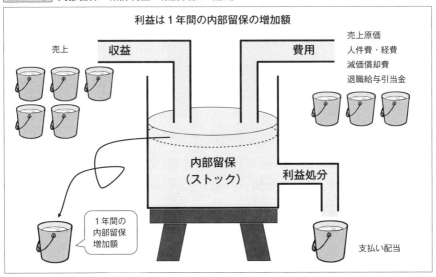

　図表Ⅲ-⑧ではタンクに貯まった水が内部留保です。入りと出のパイプが示してありますが、入りが「収益」、出が「費用」です。パイプにはメーターが取り付けてあり、入りと出が測定され記録されます。「入り（収益）」と「出（費用）」の差が利益となり、毎年タンクに内部留保として蓄えられます。
　その内部留保は下のパイプから配当として株主に支払われます。企業が獲得した利益は、配当として株主に還元されるのが原則です。ただし、配当に回さず内部留保とすることも可能です。
　なお、この利益処分に関する情報はP／Lではなく、「株主資本等変動計算書」に記載されます。

▶ 2-3. P／LとC／Fの関係整理

図表Ⅲ-⑦の中央に記載した、同じフロー情報であるP／LとC／Fの関係を整理したのが**図表Ⅲ-⑨**です。

作成目的、計算対象、計上タイミングの3点から両者の違いをまとめています。

図表Ⅲ-⑨　P／LとC／Fの違い

	C／F（キャッシュフロー計算書）	P／L（損益計算書）
①作成目的	■財務戦略の把握	■経営成績の把握
②計算対象	■全ての現預金増減額 ・企業における全てのお金の流れを、営業CF、投資CF、財務CFの3つに区分して記載する	■FCF ・財務CFはP／Lの計算対象外 ・営業CFと投資CFすなわちFCFがP／Lの計算対象となる
③計上タイミング	■現預金の収入・支出時点 ・C／Fにはキャッシュに動きがあった時点、すなわち現金や預金が動いた時点で計上される	■現預金の収入・支出時点ではない ・収益は実現した時点 ・原価は発生時点 ・製品・商品原価は売上と個別対応 ・上記以外の原価は期間対応で発生時点で費用計上

過去の財務戦略はC／Fに、その成果である経営成績はP／Lに記載されます。作成目的の違いはすでに何度か説明しました。計算対象の違いは生涯FCF＝生涯利益と説明したことを思い出してください。

計上タイミングの違いについては、C／Fが入出金のタイミングで計上されることは理解できたと思います。3章-2では、たな卸資産や固定資産がどのようなタイミングで費用計上されるのかを説明します。

3章-2

押さえるべき2つの利益計算ルール

　ここでは経営に財務諸表を活かすために押さえておくべき2つのルールについて説明します。たな卸資産と固定資産の費用配分ルールの2つです。

　この2つのルールを踏まえることにより、利益計算が持つデメリットやP／LとC／Fの関係について、さらに理解を深めることができるはずです。

1　黒字倒産の事例研究

　まずはたな卸資産の費用配分ルールです。このルールが黒字倒産の原因になることを紹介します。その具体的な事例が**図表Ⅲ-⑩**です。

図表Ⅲ-⑩　黒字倒産とは～経営破綻したアーバンコーポレーション～

回次		第14期	第15期	第16期	第17期	第18期
決算年月		2004年3月	2005年3月	2006年3月	2007年3月	2008年3月
（1）　連結経営指標等						
売上高	（百万円）	51,363	57,033	64,349	180,543	243,685
経常利益	（百万円）	4,812	9,479	10,677	56,398	61,677
当期純利益	（百万円）	2,670	6,455	7,868	30,039	31,127
営業活動によるキャッシュ・フロー	（百万円）	▲251	▲24,995	▲32,991	▲55,033	▲100,019
投資活動によるキャッシュ・フロー	（百万円）	▲1,203	▲6,603	1,078	▲9,063	▲11,100
財務活動によるキャッシュ・フロー	（百万円）	▲2,693	40,233	43,043	83,210	89,212
現金及び現金同等物の期末残高	（百万円）	7,974	16,735	27,882	59,973	41,989

- 4年間で売上は5倍弱、当期純利益は12倍近くとなっている
- しかし、営業CFは2007年度にはマイナスの1,000億となっている

注：アーバンコーポレーションは2008年8月13日に民事再生法の適用を東京地裁に申請し受理された
　・事実上の経営破綻で負債総額は2558億円
　・いわゆる「黒字倒産」

アーバンコーポレーションの有価証券報告書より作成

▶ 1-1. アーバンコーポレーションの経営指標推移

　アーバンコーポレーションは1990年に設立された不動産会社です。設立当初はマンション分譲等を中心に事業を展開していましたが、その後、老朽化したビルを買収・改築し、その一帯の再開発を行った後に、ファンドに転売する不動産流動化事業へとシフトし急成長を遂げました。SPC（特定目的会社）などを利用した不動産流動化ビジネスです。

　しかし、2008年8月13日に民事再生法の適用を東京地裁に申請し受理されました。事実上の経営破綻で負債総額は2,558億円でした。

（1）黒字倒産したアーバンコーポレーション

　図表Ⅲ-⑩はアーバンコーポレーションの有価証券報告書に記載された「主要な経営指標等の推移」から抜粋し作成したものです。有価証券報告書は上場会社等が金融商品取引法の定めにより、内閣総理大臣に提出することが義務付けられている書類で、この中に財務諸表も記載されています。

　この図からは、利益が拡大しているにもかかわらず、営業CFのマイナス金額が増大していることがわかります。

（2）利益と営業CFに大きな乖離

　2004年3月期から2008年3月期までの4年間で、売上は510億円から2,430億円と5倍弱、当期純利益も27億円から310億円へと10倍以上の伸びを示しています。

　一方、営業CFはこの5年間全てマイナスとなっています。2007年度には、当期純利益が310億円あるにもかかわらず、営業活動CFは▲1,000億円です。当期純利益と営業CFには1,300億円のギャップがあります。

　特に2007年3月期以降は業績や資産・負債が急激に拡大しますが、SPCの連結化という会計処理方法の変更が影響しています。より企業実態を明確にするために、SPCを利用した不動産開発事業についても連結に含めるルールに変更されたことが要因です。

　このケースは黒字倒産の典型例と言えますが、なぜ、このような多額のギャップが利益と営業CFの間で起こるのでしょうか。

▶ 1-2. 在庫増が黒字倒産の原因

（1）間接法のC／Fが便利

その原因を知るには、間接法のC／Fが便利です。極めてわかりにくい表だということを最初にお断りしておきます。**図表Ⅲ-⑪**はアーバンコーポレーションのC/Fより営業CFを示しています。

図表Ⅲ-⑪　アーバンコーポレーション連結C／F（営業CF）

区分		前連結会計年度 2007/3 金額(百万円)	当連結会計年度 2008/3 金額(百万円)
Ⅰ	営業活動によるキャッシュ・フロー		
1	税金等調整前当期純利益	58,552	61,450
2	減価償却費	1,166	1,768
3	のれん償却額	505	2,082
4	減損損失	―	835
5	賞与引当金の増減（▲）額	203	▲275
6	役員賞与引当金の増減（▲）額	280	330
7	貸倒引当金の増減（▲）額	▲5	319
8	受取利息及び受取配当金	▲599	▲601
9	支払利息	5,128	8,128
10	たな卸資産評価損	1,146	―
11	共同事業出資金評価損	1,362	―
12	有形固定資産除売却損益（▲）	168	189
13	投資有価証券評価損	361	581
14	投資有価証券売却損益（▲）	▲5,270	▲3,058
15	売上債権の増（▲）減額	3,298	▲1,489
16	たな卸資産の増（▲）減額	▲99,439	▲138,065
17	未収入金の増（▲）減額	―	2,662
18	預け金の増（▲）減額	―	▲5,441
19	仕入債務の増減（▲）額	▲1,965	▲1,726
20	未払金の増減（▲）額	―	7,268
21	未払消費税等の増減（▲）額	375	▲753
22	預り敷金の増減（▲）額	―	▲5,494
23	預り金の増減（▲）額	―	2,944
24	役員賞与の支払額	▲63	―
25	その他	▲702	5
	小計	▲35,498	▲68,339
26	利息及び配当金の受取額	593	605
27	利息の支払額	▲4,663	▲7,820
28	法人税等の支払額	▲15,464	▲24,466
	営業活動によるキャッシュ・フロー	▲55,033	▲100,019

アーバンコーポレーションの2007年度有価証券報告書より作成

まず注目して欲しいのが最上段の「税金等調整前利益」と最下段に記載されている「営業活動によるキャッシュフロー（営業CF）」です。その間に記載さ

れている 2 〜 28は、「税金等調整前利益」と「営業CF」の金額差異が、どのような原因で生じたかが示されています。

そのため記載金額がもっとも多い項目を探せば、利益と営業CFの差異原因がわかります。また、最上段は日本基準では「税金等調整前利益」となっていますが、国際会計基準や米国基準では「当期純利益」からスタートしていることが多いです。

（2）在庫増利益計算の持つ魔力

注目して欲しいのは「16　たな卸資産の増（▲）減額」です。

2007／3には▲994億円、2008／3には▲1,381億円が記載されています。利益は出ているのですが、在庫が2年間で2,375億円増加したために、利益よりも営業CFが減少したことを図表Ⅲ-⑪では示しています。

なお保有しているのは不動産ですが、販売目的で保有するためたな卸資産となります。不動産開発のために、不動産の大量購入を行ったのですが、購入した不動産は玉石混交だったのではないでしょうか。玉は大きく利益貢献しますが、石はP／Lに記載されることはなく、B／Sにたな卸資産として積み上がっているのです。さらにバブルの崩壊もあり、玉が石に変わったことも影響していると思われます。

ここに利益が持つ業績評価指標としての魔力があります。

いくら商品を仕入れ、その支払いを行っても、費用計上されるのは売却分に対応する原価だけです。売れ残りは在庫としてB／Sに計上されるだけです。

アーバンコーポレーションの2007年度末の在庫金額は4,378億円、売上は2,437億円です。なんと売上のほぼ2年分に相当する在庫があることになります。

（3）低価法が強制適用されるようになった

なお、現在では時価が帳簿価額を下回った場合は、時価で評価するという低価法が強制適用されます。低価法が採用されていれば、多額の評価損が計上されていたかもしれません。

低価法の強制適用により、利益の魔力は弱まったといえます。しかし、多額の在庫が倒産原因になることには変わりありません。

2 利益計算に魔力を与えたたな卸資産の費用配分ルール

ここではたな卸資産の費用配分ルールをシンプルな事例で紹介します。

▶ 2-1. 利益計算は在庫を資産計上する～たな卸資産の費用配分～

果物屋さんが、高級りんごの販売をはじめました。

売っているのは、たいへん珍しいりんごで、滅多に入手できません。それが今月は15日に1,000円、18日に1,200円、20日には1,400円で各1個、計3個を仕入れることができました。仕入れ総額は3,600円です。

月末に、このうち2個が4,000円で売れました。販売・仕入ともに現金取引であるため、果物屋さんの営業CFは400円（4,000円－3,600円）です。

では、利益は一体、いくらになるでしょうか？

図表Ⅲ-⑫ たな卸資産の費用配分方法①

■3個3,600円で仕入れた高級りんご2個が4,000円で売れました。
営業ＣＦは400円（4,000円－3,600円）ですが利益はいくらでしょう？

11月15日　1,000円×1個

11月18日　1,200円×1個

11月20日　1,400円×1個

このうち2個が4,000円で売れました

どのリンゴが売れたかわからなければ、利益は算定できないと思われるかもしれません。しかし、そのような記録を果物屋さんで行うのはとても煩雑でコストもかかります。そのために考え出されたのが、たな卸資産の費用配分ルールです。

（１）代表的なたな卸資産の費用配分ルール

代表的なルールは**図表Ⅲ-⑬**の３つです。

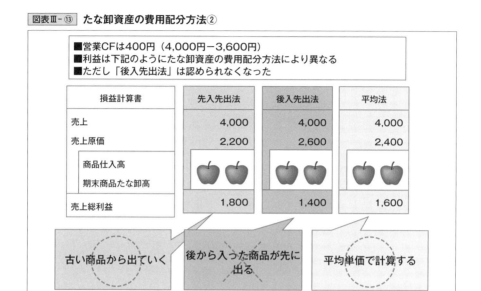

図表Ⅲ-⑬　たな卸資産の費用配分方法②

企業会計は代表的なルールを決め、その中から企業の実態に即した方法を選択するというルールを採用しています。どの方法を採用するかにより利益の金額は異なります。しかし、企業は自社にあったルールを選択し、継続適用することにより適正な経営成績は把握可能と会計は考えています。

①先入先出法

先に入った商品から先に出ると想定します。そうすると1,000円と1,200円のりんごが売れたことになり、売上原価は2,200円です。売上総利益（一般には粗利益とも言う）は1,800円となります。なお売れ残ったりんごは1,400円でＢ／Ｓ（貸借対照表）にたな卸資産（商品）として計上されます。

②総平均法

総平均法では、一定期間の平均単価により売却単価を算出します。購入分の

平均単価1,200円を販売分の単価と考えるため、売上4,000円に対し売上原価2,400円で売上総利益は1,600円となります。

残った商品の原価1,200円は、B／S（貸借対照表）に計上されます。

③後入先出法

先入先出法とは逆に、後から入った商品が先に出ると考えるのが後入先出法です。後入先出法は、相場変動の激しい製品を売買している場合に採用されていました。

相場変動の激しい商品は、売上に近い時点での購入売価で費用計上したほうが経営実態に近く、より適正な利益が計算可能という考えからです。収益費用を対応させるという観点からは、理解できる方法ではないでしょうか。

しかし、この方法は最近認められなくなりました。後入先出法では、資産評価の単価は最も古い購入時点での原価となります。このため、B／Sの時価評価を重視する国際会計基準では、認め難い会計ルールとなったのです。

（2）もう一つの黒字倒産原因

たな卸資産とともに黒字倒産の原因として挙げられるのが不良債権です。

売上は現金回収前に、販売時点で計上されます。そのため、売上債権（売掛金・受取手形）が回収できなければ、黒字倒産となります。

そのため、会社は得意先の信用調査を行うとともに、回収までが営業の責任であることを社内に徹底しようとします。営業担当者は販売時点で売上がP／Lに計上され、自らの業績も売上で決まります。したがって、少々怪しい販売先でも売上の誘惑に負け、販売しやすいのです。

会計は適正な利益を計算するために、売上債権やたな卸資産を流動資産として計上することを容認しました。このため売上債権やたな卸資産は流動資産の主要部分を占める資産となっています。しかし、管理を徹底しなければ黒字倒産の原因にもなる危ない資産ともいえます。

売上債権やたな卸資産は、適正な経営成績を把握するために生じたリスク資産であるということを認識してください。

3 固定資産の費用配分ルール

▶ 3-1. 固定資産の価値減少額を減価償却により把握する

販売目的で保有するのがたな卸資産であるのに対し、事業のために長期にわたり使用する目的で保有する資産が固定資産です。

一般に固定資産は時の経過に伴い価値は低下します。この価値低下分をどう測定し、費用に計上するのか。そのために考え出されたのが減価償却費です。

減価償却費の計算方法は極めてシンプルです。**図表Ⅲ-⑭**の事例で減価償却費を計算してみたいと思います。

図表Ⅲ-⑭　財務諸表から何が分かるのか

A君は、アルバイトとして車を購入し車両レンタルをはじめたいと思っています。以下の条件でキャッシュフロー計画書を作成しました。
① 車の購入費に300万円
② 営業CFは3年間で450万円
　・営業収入は200万円／年間
　・各種経費が50万円／年間
③ 車は3年後には30万円で売却予定

キャッシュフロー計画書（単位：千円）

	1年目	2年目	3年目	合計
営業CF	1,500	1,500	1,500	4,500
営業収入	2,000	2,000	2,000	6,000
営業支出	▲500	▲500	▲500	▲1,500
投資CF	▲3,000			▲2,700
資産売却収入			300	300
資産購入支出	▲3,000			▲3,000
FCF	▲1,500	1,500	1,800	1,800

図表Ⅲ-⑭の下段にはキャッシュフロー計画書を示しています。FCFをみると150万円のマイナスとなります。初年度の営業CF150万円に対し投資が▲300万円発生するためです。その後に回収が進み3年間でのFCF合計は180万円となっています。

では次に損益計画を示してみましょう。

（1）定額法が代表的な減価償却方法

損益計画を策定するには減価償却費を明らかにする必要があります。減価償却費計算には償却方法のほかに、取得原価、耐用年数、残存価額の3つの計算要素が必要となります。

代表的な減価償却方法に定額法と定率法がありますが、ここではシンプルな定額法を紹介します。定率法に興味がある方は、他の本で勉強してください。

図表Ⅲ-⑮は、定額法で減価償却費を行った場合の損益計画です。

減価償却費は90万円となります。計算方法は以下のとおりです。

（300万円：取得原価－30万円：残存価額）÷3年：耐用年数＝90万円

図表Ⅲ-⑮　減価償却とは

■図表Ⅲ-⑭のキャッシュフロー計画を損益計画にすると以下の通りです。
減価償却費は取得価額300万円、耐用年数3年、3年後の残存価額30万円で定額法により算定しました。

損益計算書（計画）　単位：千円

	1年目	2年目	3年目	合計
売上	2,000	2,000	2,000	6,000
減価償却費	900	900	900	2,700
その他経費	500	500	500	1,500
利益	600	600	600	1,800

BS上の帳簿価額：210万円 → 120万円 → 30万円
現金30万円（FCFと一致）

図表Ⅲ-⑮から確認して欲しいのは、以下の2点です。

①減価償却費総額＝生涯投資CF

先ほどのCFと比較してみると、3年間の累計利益と累計FCFは180万円で、FCFと一致していることが確認できます。生涯累計FCF＝生涯累計利益となることを思い出していただけたでしょうか。

②固定資産の帳簿価額は減価償却費相当分減額する

減価償却を行うと、その金額分だけ帳簿価額は価値減少することになります。初年度には300万円からこの年度の減価償却費90万円を控除した210万円、2年度目には210万円から同じく減価償却費90万円を控除した120万円が、そして最終年度には同様に30万円がB／Sに表示されます。

この30万円と評価された車が、30万円で売却される予定なので、売却損益は発生しません。

固定資産投資による生涯投資CFを予測し、それを耐用年数で分割計上するというのが減価償却費の考え方であることを理解できれば結構です。

（2）無形固定資産についても減価償却を行う

減価償却は固定資産について行うことになり、有形固定資産だけでなく無形固定資産についても適用されます。代表的な無形固定資産には、社内で使うソフトウェアの開発費用があります。無形固定資産についても減価償却の対象となります。

（3）土地は減価償却を行わない

土地については、時の経過に伴って価値減少が生じ、スクラップになるということはありえません。このため、減価償却の対象資産とはなりません。土地を賃貸すれば、賃貸料は費用処理できますが、購入すると費用計上はできなくなります。

では土地は売却時以外に費用処理されることはないのかというと、そんなことはありません。例えば遊休土地を保有しており、その時価が著しく低下している場合には、回収可能額まで帳簿価額を減額する必要があります。これを減損処理と呼んでいます。

4 営業CF≒当期利益＋減価償却

　減価償却費の説明をしましたが、そのねらいは営業CF≒当期純利益＋減価償却費という標題の式を理解してもらうためです。この式の意味を理解することはP／LとC／Fの関係を理解する上でのキーとなります。

▶ 4-1.営業CFの推定能力を持つ

　利益は経営成績を把握するために開発された概念です。経営の最終成果はあくまでもキャッシュです。経営成績を示す利益だけではなく、キャッシュフローの動向にも目を光らすことが不可欠です。

　しかし、利益は推定できても、営業CFを推定できる経営幹部は極めて少ないのが実態です。実は、会社の当期純利益から営業CFを推定することが可能なのです。標題の営業CF≒当期利益＋減価償却費がその秘訣です。減価償却費を押さえておけば、利益から営業CFが推定できることを示しています。

　先の事例より、**図表Ⅲ-⑯**では営業CF≒当期純利益＋減価償却費になっていることを確認してください。

図表Ⅲ-⑯　営業CF≒当期純利益＋減価償却費

損益計算書（計画）　単位：千円

	1年目	2年目	3年目	合計
売上	2,000	2,000	2,000	6,000
減価償却費	900	900	900	2,700
その他経費	500	500	500	1,500
利益	600	600	600	1,800
利益＋減価償却費	1,500	1,500	1,500	4,500

キャッシュフロー計画書（単位：千円）

	1年目	2年目	3年目	合計
営業CF	1,500	1,500	1,500	4,500
営業収入	2,000	2,000	2,000	6,000
営業支出	▲500	▲500	▲500	▲1,500

一致している

▶ 4-2. 当期利益＋減価償却費＝減価償却費控除前利益とは

ところで、営業CF≒当期利益＋減価償却費という式ですが、この右辺は何を意味しているのでしょうか。

利益計算では減価償却費を控除します。このため利益に減価償却費をプラスすることは、「減価償却費控除前利益」を算定することを意味します。見方を変えれば、当期利益と営業CFにはさまざまな違いがありますが、そのもっとも大きな違いは減価償却費にあるということを示しているのです。

営業CFと当期純利益の関係式は、さらに2つのことを我々に教えてくれます。

（1）当期純利益のマイナスが営業CFのマイナスに直結しやすい会社とは

図表Ⅲ-⑰は代表的な日本企業の減価償却費が売上に占める割合を示しています。4社の中で売上に対する減価償却費のウエイトがもっとも高いのがNTTグループで15.3％です。他社の3倍程度の比率であることがわかります。

図表Ⅲ-⑰ 業種により異なる減価償却のウェイト

		NTT	トヨタ自動車	三菱商事	セブン＆アイ
		2016/3	2016/3	2016/3	2016/3
		米国基準	米国基準	国際会計基準	日本基準
売上	①	11,540,997	28,403,118	6,925,582	6,045,704
減価償却費	②	1,766,325	1,625,837	219,699	195,511
対売上比率	②÷①	15.3％	5.7％	3.2％	3.2％

各社の2015年度有価証券報告書より作成

このことは、NTTグループは典型的な設備投資事業であり、当期純利益が少々マイナスになっても営業CFがマイナスになりにくいことを示しています。売上高利益率が▲15％以上になると、営業CFがマイナスになる可能性が出てくるということです。

一方で業界区分において、流通・サービスに属する三菱商事やセブン＆アイでは、もし当期純利益率が▲3％を超えれば、営業CFが赤字になる可能性が

あることを示しています。当期純利益と営業CFの関係は、このように設備産業か否かで異なってきます。減価償却費が極めて少ない会社は、当期純利益が営業CFの赤字に直結しやすいCF構造だといえます。

（2）黒字倒産のリスク発見

　もう一つは、この式を知っておくと黒字倒産のリスク発見に役立つという話です。**図表Ⅲ-⑱**は黒字倒産の事例で紹介した、アーバンコーポレーションのC／Fを要約したものです。

図表Ⅲ-⑱　アーバンコーポレーションの要約営業CF　単位：百万円

区分			前連結会計年度 2007/3 金額(百万円)	当連結会計年度 2008/3 金額(百万円)
Ⅰ	営業活動によるキャッシュ・フロー		▲55,033	▲100,019
	法人税等支払後利益		43,088	36,984
		1　税金等調整前当期純利益	58,552	61,450
		28　法人税等の支払額	▲15,464	▲24,466
	2　減価償却費		1,166	1,768
	3　のれん償却額		505	2,082
	その他		▲99,792	▲140,853
		15　売上債権の増(▲)減額	3,298	▲1,489
		16　たな卸資産の増(▲)減額	▲99,439	▲138,065
		17　未収入金の増(▲)減額	−	2,662
		18　預け金の増(▲)減額	−	▲5,441
		19　仕入債務の増減(▲)額	▲1,965	▲1,726
		その他	▲1,686	3,206

アーバンコーポレーションの2007年度有価証券報告書より作成

　日本基準で作成しているため、税引前当期純利益から法人税等を控除し、当期純利益の推定値を「法人税等支払い後利益」として示しています。

　2008年3月期の金額は370億円で、減価償却費は17.7億円、のれん償却費20.8億円となっています。したがって、先ほどの関係式からアーバンコーポレーションの営業CFは408.5億円（370億円＋17.7億円＋20.8億円）あってもおかしくないということになります。

　ところが、実際の営業CFは▲1,000億円となっており、1,400億円を超える差額があることがわかります。そこで差異の原因を減価償却費以外の調整項目から探すと、たな卸資産の増減額が▲1,380億円と記載されており、これが原因であることがわかります。なお、のれんは無形固定資産で、日本基準ではのれ

ん償却額を計上する必要があるため、これも記載しています。のれん償却額も減価償却費の一部と考えて下さい。

　営業CF＝当期利益＋減価償却費＋その他という計算式を示すと、減価償却費を増やせば、営業CFを増加できると勘違いする人がいます。減価償却方法を変更し、減価償却費を増やしても、利益が減少するため営業CFが増加することはありません。

3章-3

グローバル化が進む会計ルール

1 日本企業には３つの会計基準が認められている（金商法）

▶ 1-1. 財務諸表の公表を義務付ける２つの法律

　財務諸表の公表は会社法と金融商品取引法（金商法）という２つの法律により作成が義務付けられています。その概要は図表Ⅲ-⑲のとおりです。

図表Ⅲ-⑲　会計ディスクロジャー制度の比較

	会社法	金融商品取引法（金商法）
適用対象	すべての会社に適用	上場会社等の特定の会社に適用
法の目的	■受託資金の説明責任の遂行 ■株主と債権者の利害調整	■投資家の保護
財務諸表の特徴	全体的に簡略な開示	会社法に比べより詳細な情報の開示
財務諸表の体系	■個別財務諸表 ＊連結財務諸表（大会社で、かつ、有価証券報告書を提出する義務のある会社）	■連結財務諸表 ■個別財務諸表 ■四半期財務諸表
財務諸表 （計算書類） の種類	①貸借対照表 ②損益計算書 ③株主資本等変動計算書 ④個別注記表	①連結貸借対照表 ②連結損益計算書及び連結包括利益計算書 ③連結株主持分計算書 ④連結キャッシュ・フロー計算書 ⑤連結付属明細表

　会社法は債権者や株主の保護を目的に、すべての会社に適用されます。
　これに対し金融商品取引法は不特定多数の一般投資家の保護を目的にしており、主として上場会社に適用される法律です。債権者や株主に比較すると会社情報を入手しにくい一般投資家を保護するため、金融商品取引法は細かな情報公開を求めているのが特徴です。

▶ 1-2. 金融商品取引法における財務諸表の特徴

（1）連結財務諸表が主体

　会社法における財務諸表は法人単位で作成し、配当原資を明らかにすることが重要です。あくまでも法人単位の作成が基本です。これに対し金融商品取引法の適用会社における財務諸表は連結財務諸表がメインとなります。連結財務諸表では親会社だけでなく、その子会社等も含めた企業グループをあたかも一つの会社と見なし、財務諸表を作成します。本書では様々な会社の財務諸表を分析していますが、金融商品取引法による連結財務諸表が主対象となります。

（2）金融商品取引法は３つの会計基準で作成した連結財務諸表を認める

　日本で上場する企業は、当然のことながら日本の会計基準で作成します。

　しかし、公表されている財務諸表には米国基準や国際会計基準で作成されている場合があります。著名企業の会計基準は**図表Ⅲ-⑳**のとおりです。

図表Ⅲ-⑳　**日本の著名企業の会計基準（2015年度）**

日本基準	米国基準	国際会計基準
大塚ホールディングス	キヤノン	アステラス製薬
花王	京セラ	伊藤忠
キーエンス	クボタ	小野薬品
セコム	コマツ	ソフトバンク
信越化学	ソニー	エーザイ
新日鐵住金	トヨタ自動車	武田薬品
セブン＆アイ	日本電産	中外製薬
ダイキン	パナソニック	デンソー
大和ハウス	富士フイルム	日立製作所
日産自動車	三菱電機	ファーストリテイリング
任天堂	村田製作所	ホンダ
ファナック	NTT	三井物産
富士重工	NTTドコモ	三菱商事
ブリヂストン		ヤフー
三井不動産		楽天
三菱地所		JT
JR東海		KDDI
JR東日本		
OLC		

　例外的に米国で上場している日本企業は、米国基準による連結財務諸表を金融商品取引法の規定による連結財務諸表として提出することが認められていました。さらに2010年から、一定の要件を満たした企業について国際会計基準の任意適用が認められました。今後、グローバルに活躍する上場企業では国際会計基準の採用が進むと思われます。

（3）日本基準との違い

現在、会計ルールのグローバルな標準化が進められ、大きなルールの差異はなくなりつつあります。しかし、まだいくつかの差異が残っています。

そもそも日本基準と国際会計基準では財務諸表の名称が違います。貸借対照表は、「財政状態計算書」となり、損益計算書は「包括利益計算書」となります。キャッシュフロー計算書の名前は変わりません。なお、日本基準と米国基準では名称は一致しています。また、財務諸表を分析する上では、以下の違いに留意する必要があります。

①国際会計基準や米国基準では経常利益を表示しない

国際会計基準や米国基準では経常利益を区分表示することを認めていません。日本基準では、臨時偶発的に生じる巨額の損益は特別損益に区分し、経常利益を区分表示しますが、この区分基準があいまいで、企業の恣意性が入りやすいというのがその理由です。

②国際会計基準では継続事業と非継続事業を区分表示する

国際会計基準や米国基準では、撤退や売却などにより廃止することが決まっている事業の損益は非継続事業として区分表示します。企業業績の将来予測に必要な区分と考えています。

③日本基準では「のれん」を償却する

連結財務諸表の作成に伴い、必ず発生するのが「のれん」です。

例えば、資産1,000億円、負債600億円、純資産400億円の会社の株式100%を700億円で購入したとします。この購入金額700億円と純資産400億円の差額300億円が「のれん」です。連結B／Sでは購入した子会社株式700億円の代わりに、子会社の資産1,000億円と負債600億円、そして「のれん」400億円が資産として計上されます。

この「のれん」の会計処理方法が異なります。これについては後ほど、説明します。

2 連結財務諸表で押さえるべき作成ルール

連結財務諸表の作成には、かなりの専門知識が必要となります。ただし、分析する上で、知っておくべき作成ルールは多くありません。

子会社を独立した法人ではなく、あたかも会社の一組織と見なし作成するのが「連結財務諸表」です。重要なのは、単純に連結対象会社の財務諸表を合算すれば、連結財務諸表が作成できるわけではないということです。

財務諸表を分析する上で知っておくべき最低限のルールとして**図表Ⅲ-㉑**で5つのルール（①〜⑤）を紹介します。

図表Ⅲ-㉑ 押さえておくべき連結財務諸表の作成ルール

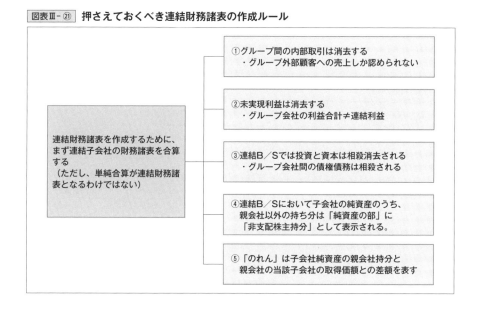

なお、連結財務諸表の作成は面倒で、簡単に説明できるものではありません。簡潔に説明をしていますが、それでも頭には残りにくいと思います。

次頁より事例企業【PA社】を用いて、いくつかのケースを解説しています。適宜例題を示していますので、5つのルールを念頭に置きながら考え、課題を解きつつ、読み進めてみてください。

3章 キャッシュフローと利益計算の違い

▶ 2-1. グループ外への売上が連結売上となる

　PA社は製造親会社で、その製品の一部を販売子会社であるA子会社を通じて売却しています。**図表Ⅲ-㉒**の取引があった場合、連結ベースの売上と粗利がいくらになるか、考えてみてください。同一グループを一つの会社と見なしますから、あくまでもグループ外への売上が連結売上になるというのがヒントです。

図表Ⅲ-㉒ 損益取引の相殺消去

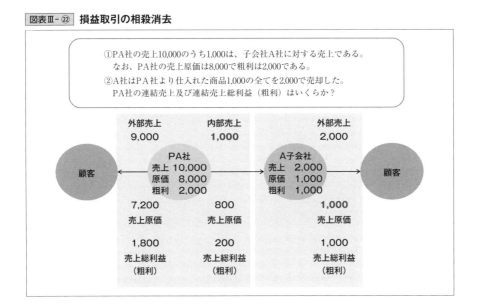

（1）合算後に親子間の取引を相殺消去する

　グループ外への売上は、PA社から外部顧客への売上9,000とA子会社から外部顧客への売上2,000との合計11,000です。

　売上原価はPA社で発生した原価8,000で、売上総利益は3,000となります。

　この場合に「親子間の取引は相殺消去する」という表現を会計ではよく使います。連結財務諸表の作成は、グループ会社の財務諸表を合算することからスタートするためです。PA社とA子会社の売上と売上原価を単純合算すると売上12,000、売上原価9,000となるため、売上1,000と売上原価1,000を相殺消去します。

▶ 2-2. 未実現利益は控除される

次は、A子会社がPA社からの仕入れ商品のうち半分しか売れず、半分は在庫となったケースです。この場合、グループ外への売上はPA社9,000で、A子会社1,000ですから連結売上は10,000です。さて連結ベースでの売上総利益はいくらになるでしょうか。**図表Ⅲ-㉓**から考えてみてください。

図表Ⅲ-㉓ 未実現利益の消去

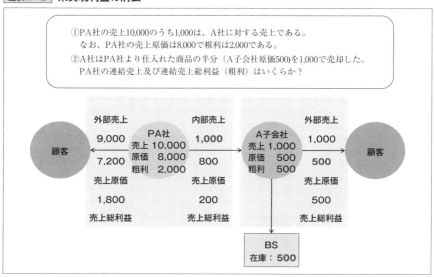

売上総利益はPA社の売上総利益が2,000、A子会社の売上総利益は500なので、これらの合計2,500と答えた方が多いのではないでしょうか。

しかし、PA社のA子会社に対する売上総利益200のうち半分は外部顧客に売却されていません。このため、未実現利益100を控除した2,400が連結上の売上総利益となります。また連結B／Sでは在庫は500ではなく、未実現利益100を控除した400で評価する必要があります。

連結ではこのような処理をするため、例えば製造親会社がいくら売上や利益を計上しても、販売子会社が実際に顧客に売却しない限り、売上や利益は計上されません。また、在庫になっていると未実現利益が発生し、単純なグループ会社の利益合計は連結上の利益と一致しません。

▶ 2-3. 連結B／Sでは資本と投資勘定は相殺消去される

　連結P／Lの説明をしてきましたが、ここでは連結B／S固有の勘定科目について説明します。連結P／Lの作成手続き上は、まず合算され、その上で内部取引は相殺消去されます。同様に、連結B／Sにおいても手続き上は、グループ各社のB／Sは合算されたうえでグループ会社間の取引で発生した売掛金と買掛金、貸付金と借入金等の債権・債務は相殺消去されます。難しい言葉ですが、「投資と資本（純資産）の相殺消去」と専門家が呼ぶ処理も発生します。

　図表Ⅲ-㉔ではPA社が親会社で、子会社A社の株式を100％所有しています。その取得価額は1,000です。グループ会社間の債権債務はありません。

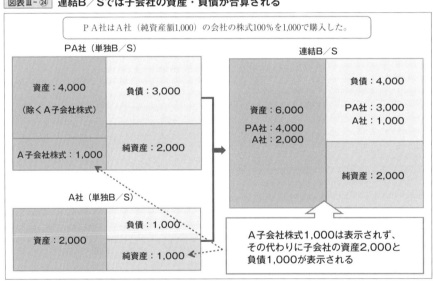

図表Ⅲ-㉔　連結B／Sでは子会社の資産・負債が合算される

　連結B／Sでは、A子会社株式1,000は計上されず、代わりにA子会社の資産2,000と負債1,000が計上されていることを確認してください。

　PA社の投資勘定であるA子会社株式1,000とA子会社の純資産1,000が表示されていません。これを「資本と投資の相殺消去」と呼びます。連結決算の手続きは、まず親会社と子会社のB／Sを合算し、その上で投資と資本の相殺消去をします。この相殺消去により、正しい連結上の純資産が計上されます。

▶ 2-4. 連結子会社の親会社以外の持分が「非支配株主持分」

資本と投資勘定の相殺処理により、連結固有の勘定科目である「非支配株主持分（少数株主持分）」や「のれん（連結調整勘定）」が発生します。ここではまず、「非支配株主持分（少数株主持分）」について説明します。

図表Ⅲ-㉕では先ほどと同様の事例を使っていますが、異なるのは親会社であるPA社がA子会社の株式の80％を800で取得している点です。

図表Ⅲ-㉕ 子会社純資産の親会社以外の持分が「非支配株主持分」

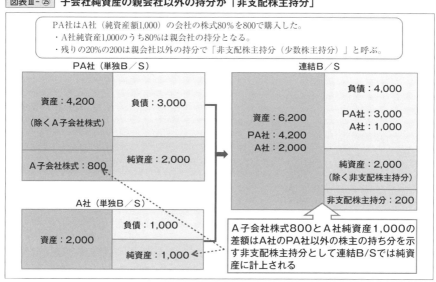

A子会社の資産と負債は、100％所有の時と同様にすべて合算されます。

ただし、A子会社の純資産1,000のうち20％は親会社以外の持分となります。

連結B／Sでは、この親会社以外の持分である200（1,000×20％）が非支配株主持分として表示されます。

親会社の持分が80％だからと言って、PA子会社の資産と負債の80％を計上するわけではありません。そのまま100％を計上します。そのため、非支配株主持分が計上されます。非支配株主持分は、以前は「少数株主持分」と呼ばれていました。

3章　キャッシュフローと利益計算の違い　69

▶ 2-5. 親会社の子会社投資額と子会社の純資産との差額が「のれん」

子会社の純資産は親会社の持分と親会社以外の持分である非支配株主持分（少数株主持分）とに区分されることを説明しました。被買収会社の株主から株を購入する場合に、先の事例のように親会社持分となる純資産金額と同額で買うことはまずありません。通常は買収金額が親会社持分となる純資産金額を上回ります。この購入金額と被買収会社の親会社持分との差額を「のれん（Good Will）」と呼びます。

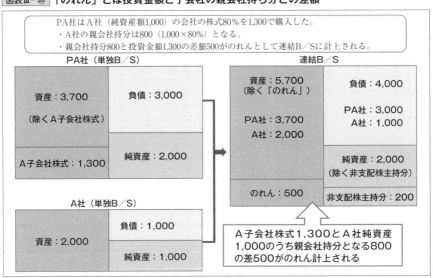

図表Ⅲ-㉖ 「のれん」とは投資金額と子会社の親会社持ち分との差額

図表Ⅲ-㉖の事例においては、PA社はA社純資産1,000の80％、800を1,300で購入しており、500の差額が生じます。この差額500が連結B/Sでは「のれん」として計上されます。

B/Sには企業のブランド価値や人的資源などの見えない価値は、資産計上されていません。このため、これらの評価額が「のれん」となります。

発生した「のれん」を、どのように会計処理するかが、国際会計基準と日本基準の大きな違いとなっています。

（１）日本基準は定期的な償却を求める

　日本の会計基準では、20年以内に定額法その他合理的な方法により償却すべきとしています。実務上は５年間で償却している企業が多いようです。

　通常の固定資産と同様に考え、超過収益力は将来の売上げ増加でその効果が発現するのだから、収益に対応させるために償却すべきというのが日本の考えです。

（２）国際会計基準は定期的な償却を認めない

　もともと米国基準およびIFRSでは、日本基準と同様に「のれん」を規則的に償却すべきとしていました。しかし、償却期間を合理的に算定できないとの理由から、「のれん」の償却が減損処理に変更されました。

　国際会計基準等では時価評価が原則と考えます。そのため、定期的な償却ではなく、その価値が認められなくなった場合に評価を下げるべきと考えるのです。日本が「のれん」を償却資産と考えているのに対し、土地のように非償却資産と考えています。

（３）企業は非償却を歓迎？

　会社としては「のれん」を定期的に償却すべきか否かは利益に大きな影響を与えます。「のれん」の定期償却をしない国際会計基準は、企業には歓迎されることになります。

　ただし、買収会社の業績が悪化し、「のれん」が収益を生み出さなくなると判断された時点で「減損」という会計処理が必要となります。費用を分割計上しておくのか、いわば一括償却ともいえる「減損」という時限爆弾をかかえるのかという、いずれかの判断になります。

　東芝は2016年の年末に、アメリカを拠点とする原子力関連の会社で、数千億円（発表時点では未確定）の「のれん」について、その全額および一部を減損する必要性があるとの発表を行いました。2016年１月に買収した会社の減損ですので、あまりに早い時限爆弾の爆発です。

要　約（1章〜3章）

1．財務諸表から何がわかるかをまず、頭に叩き込む。
　①P／Lから経営成績がわかる
　②B／Sから財政状態がわかる
　③C／Fから財務戦略がわかる

2．2期間のB／Sがあれば、C／Fは作成できる。

3．財務諸表にはP／LとC／Fという2つのフロー情報があり、その違いや関係を理解する。特に以下の2点が重要。
　①生涯FCF＝生涯当期純利益
　両者の違いは計上タイミングにある。C／Fは現預金の入出金タイミングで計上されるが、P／Lは入出金のタイミングで計上されるわけではない。
　②営業CF≒当期純利益＋減価償却費
　営業CFと当期純利益の最も大きな違いは減価償却費である。

4．たな卸資産や売上債権は黒字倒産の原因になるリスク資産。
　利益は経営成績を示すが、反面、たな卸資産や売上債権がもつリスクをしっかりと認識する必要がある。

5．グループ会社の単純利益合計が、連結決算の利益となるわけではない。
　・グループ会社間の内部取引や債権・債務が相殺消去されるだけでなく、未実現利益は控除されるためである。

6．子会社の親会社持分と投資評価額の差額である「のれん」は、日本の会計基準では償却するが、国際会計基準では償却をしない。

4章 債権者（銀行）視点からの財務分析
～財務諸表分析の3つの定石～

> この章で伝えたいこと

財務諸表の基本知識を知ったうえで、いよいよ財務諸表から経営課題を把握する方法を説明します。まずは、債権者すなわち銀行視点からの財務諸表の分析手法を紹介します。

図表Ⅳ-① 債権者（銀行）視点から財務諸表を分析する

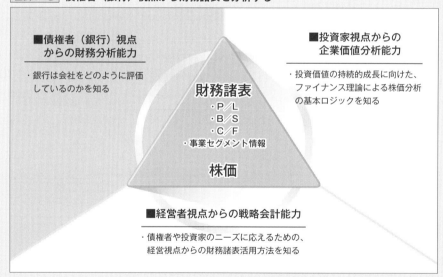

財務諸表は外部の利害関係者の意思決定に役立つために作成されています。中でも、とりわけ財務諸表を活用しているのが銀行です。そもそも財務分析手法は銀行が融資の意思決定に活用するために開発し、発展してきたと言っても過言ではありません。

銀行の意思決定では、資金を貸し付けても回収可能かという安全性の判断が重視されるのが特徴です。

① 財務諸表から経営成績と財政状態を分析する3つの定石を理解する
② さらに、財務諸表が分析しやすいように、どのような表示ルールに基づき作成されているかを理解する

4章-1

定石1：3視点分析で経営課題を知る

1　生産性・健全性・成長性が3つの視点

　第1の定石は、図表Ⅳ-②の3つの視点から、会社の経営課題を把握することです。

図表Ⅳ-②　定石1：3つの視点から分析する

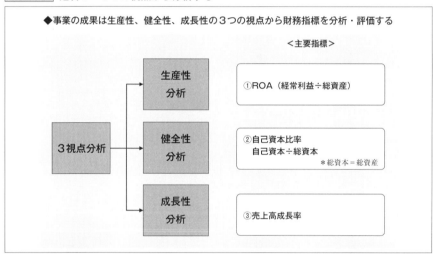

▶ 1-1．3つの代表指標
（1）生産性はROA（Return on Assets：総資産経常利益率）

　P／L作成の目的は経営成績の把握です。経営成績は、生産性視点から利益水準を診ることにより判断します。

　規模の異なる会社と単純に利益の大小を比較しても利益水準は把握できません。お金の生産性指標を使うことにより相互比較し、現在の利益水準が高いのか低いのかを規模や業種に関係なく判定できます。

代表的なお金の生産性指標にROA（アールオーエー Return on Assets：総資産経常利益率）やROE（アールオーイー Return on Equity：自己資本利益率）があります。
　生産性は一般的に、アウトプット÷インプットにより把握されます。事業に投下された総資金をインプット、利益をアウトプットと考えるのがROAです。これに対し、会社は株主のものだと捉えて、株主の持ち分である純資産をインプット、利益をアウトプットと考えるのがROEです。
　ここではROAを代表指標として取り上げていますが、後ほどROEについては紹介します。

（2）健全性は自己資本比率

　B／Sの作成目的は財政状態の把握です。この財政状態の健全性を測定する代表的指標が「自己資本比率」です。総資本（負債＋純資産）に占める純資産の割合を示します。財務構造が健全であるとは、倒産リスクが小さいことを表します。

（3）成長性は売上高成長率

　将来に向けた成長の可能性を探るのが成長性分析の目的です。
　売上や利益を過去と比較し、その伸び率を把握します。「売上高成長率」が代表的な指標です。
　生産性が高いうえに成長性も高ければ、経営成績としては申し分ありません。経営成績を把握するためのサブ指標と理解すればよいでしょう。

　これから各指標の説明を具体的な事例に基づいて説明します。事例としては2015年度の株式時価総額が高い会社から、金融機関を除く50社について取り上げ説明します。厳密にベスト50を取り上げているわけではありませんが、なるべく時価総額が高い会社を選定しています。

2　生産性の代表指標がROA

最初に紹介するのが代表的な生産性指標である「ROA」(アールオーエー)です。

▶ 2-1.　経営者視点からのお金の生産性指標がROA

ROA (Return on Assets) は「総資産経常利益率」と訳されます。

その名のとおり、総資産をインプット、経常利益をアウトプットとしたお金の生産性指標です。ROAの内容や判断基準を**図表Ⅳ-③**にまとめています。

図表Ⅳ-③　分析指標1：総資産経常利益率（ROA）

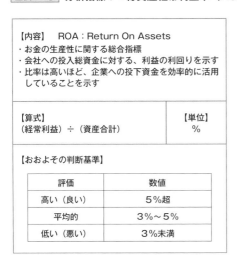
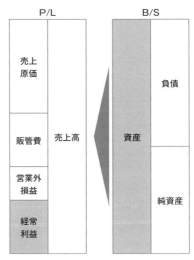

(1) 総資産は企業へ投下された事業資金総額を示す

資産－負債＝純資産（資本）という計算式を紹介しましたが、負債を右辺に移動すると資産＝負債＋純資産となります。この式で右辺は資金の調達先、左辺はその運用形態を示しています。

①資金調達先は大きく2つに区分できる

資金の調達先は返済義務がある負債と返済義務がない純資産に区分されま

す。この資金の調達源を示しているのが右辺の負債＋純資産です。

②資産は調達資金の運用方法を示している

一方、調達した事業資金の運用方法を示しているのが左辺の資産の部です。どのような資産に、いくら資金を投入しているかを示しています。

③資金運用の結果を示すP／L

企業は事業に必要な資金を調達し、各種の資産に投資しています。その結果生まれたのが経営成績である利益と考えます。

先ほどの図表Ⅳ-③は、この①～③の流れを図示しています。

（2）アウトプットは経常利益

アウトプットの利益は、日本では経常利益を使います。利益水準を把握するには、企業の経常的な利益獲得能力を評価することが有効との考えからです。

経常利益には臨時偶発的に生じた巨額の損益は含まれていません。

臨時偶発的に生じた損益とは、東日本大震災やリーマンショックのような予測不可能な天災等により生じた巨額の損益です。これらは経営者では事前に対処することが困難なため、「特別損益」として区分するのが本来の趣旨です。しかし、実際的な運用ルールは企業に任されているため、グローバル・ルールでは、経常利益の表示は認められていません。

（3）負債・純資産の合計を総資本とも呼ぶ

インプットである事業資金は運用サイドからは資産合計として把握できますが、調達サイドから負債・純資産の合計額として捉える事もできます。

事業資金を運用サイドから捉えると総資産経常利益率ですが、調達サイドから捉え「総資本経常利益率」と呼ぶ場合もあります。

株主の立場から純資産を自己資本、負債を他人資本、その合計を総資本と呼ぶためです。もちろん、総資産と総資本は同額なので、計算結果への影響はありません。

▶ 2-2. ROAの年度別推移

図表Ⅳ-④は財務省が毎年行っている「法人企業統計調査」の時系列データより日本企業のROA推移をグラフ化したものです。

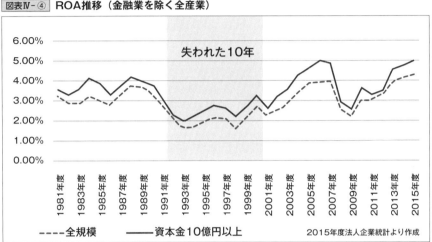

図表Ⅳ-④ ROA推移（金融業を除く全産業）

2015年度法人企業統計より作成

（1）失われた10年のROAは3％を下回る

1980年代は全般に日本の輸出が急伸し、輸出産業を中心に日本経済は好調に推移しました。しかし、やがてバブルは崩壊し1991年から「失われた10年」がスタートします。ROAも1991年度以降急速に悪化し、ITバブルを経て、2002年度以降に急速に回復します。この「失われた10年」のROAは3％を下回っています。

（2）ROAの平均値は3％～5％

2001年度以降、日本企業のROAは順調に伸びます。しかし、2007年のサブプライム・ローン問題をきっかけにROAは一気に悪化。さらに東日本大震災により大きな打撃を受けます。2012年のアベノミクスでは、この大打撃から立ち直り、積極投資による成長戦略への転換が叫ばれ、推進されています。

以上のような背景を踏まえ、図表Ⅳ-④を参考に、本書では3％～5％をROAの平均値としています。

▶ 2-3. 著名企業のROA比較

日本の著名企業のROAは**図表Ⅳ-⑤**のとおりです。

図表Ⅳ-⑤ 著名企業のROA

単位：10億円

ROA	順位	会社名	決算期	ROA	経常利益(税前利益)	総資産	会計基準
5%以上	1	富士重工	2016年 3月	22.26%	577	2,592	日本基準
	2	キーエンス※	2016年 3月	18.65%	206	1,102	日本基準
	3	村田製作所	2016年 3月	18.39%	279	1,518	米国基準
	4	ヤフー	2016年 3月	16.76%	225	1,343	国際会計基準
	5	ファーストリテイリング	2015年 8月	15.53%	181	1,164	国際会計基準
	6	ファナック	2016年 3月	15.16%	229	1,513	日本基準
	7	アステラス製薬	2016年 3月	14.55%	262	1,799	国際会計基準
	8	KDDI	2016年 3月	14.11%	819	5,807	国際会計基準
	9	OLC	2016年 3月	13.48%	109	810	日本基準
	10	ブリヂストン	2015年 12月	13.36%	507	3,796	日本基準
	11	花王	2015年 12月	13.21%	169	1,282	日本基準
	12	JT	2015年 12月	12.40%	565	4,558	国際会計基準
	13	中外製薬	2015年 12月	11.08%	87	787	国際会計基準
	14	NTTドコモ	2016年 3月	10.78%	778	7,214	米国基準
	15	JR東海	2016年 3月	9.71%	511	5,269	日本基準
	16	ダイキン	2016年 3月	9.56%	210	2,191	日本基準
	17	信越化学	2016年 3月	8.76%	220	2,510	日本基準
	18	日本電産	2016年 3月	8.62%	119	1,384	米国基準
	19	セコム	2016年 3月	8.60%	135	1,568	日本基準
	20	キヤノン	2015年 12月	7.85%	347	4,428	米国基準
	21	三菱電機	2016年 3月	7.84%	318	4,060	米国基準
	22	コマツ	2016年 3月	7.84%	205	2,615	米国基準
	23	大和ハウス	2016年 3月	7.17%	234	3,258	日本基準
	24	デンソー	2016年 3月	6.89%	347	5,043	国際会計基準
	25	クボタ	2016年 3月	6.69%	170	2,533	米国基準
	26	セブン&アイ	2016年 2月	6.43%	350	5,442	日本基準
	27	大塚ホールディングス	2015年 12月	6.32%	160	2,529	日本基準
	28	NTT	2016年 3月	6.32%	1,329	21,036	米国基準
	29	トヨタ自動車	2016年 3月	6.29%	2,983	47,428	米国基準
	30	小野薬品	2016年 3月	6.16%	33	540	国際会計基準
	31	富士フイルム	2016年 3月	5.78%	195	3,364	米国基準
	32	JR東日本	2016年 3月	5.51%	429	7,790	日本基準
	33	エーザイ	2016年 3月	5.18%	50,473	973,987	国際会計基準
3%以上	34	日産自動車	2016年 3月	4.96%	862	17,374	日本基準
	35	ソフトバンク	2016年 3月	4.86%	1,006	20,707	国際会計基準
	36	京セラ	2016年 3月	4.70%	146	3,095	米国基準
	37	日立製作所	2016年 3月	4.12%	517	12,551	国際会計基準
	38	伊藤忠	2016年 3月	4.02%	323	8,036	国際会計基準
	39	パナソニック	2016年 3月	3.88%	217	5,597	米国基準
	40	オリックス	2016年 3月	3.56%	391	10,997	米国基準
	41	ホンダ	2016年 3月	3.49%	635	18,229	米国基準
	42	三井不動産	2016年 3月	3.40%	183	5,374	日本基準
	43	武田薬品	2016年 3月	3.15%	121	3,824	国際会計基準
	44	新日鐵住金	2016年 3月	3.13%	201	6,425	日本基準
3%未満	45	三菱地所	2016年 3月	2.73%	145	5,312	日本基準
	46	任天堂	2016年 3月	2.22%	29	1,297	日本基準
	47	楽天	2015年 12月	2.15%	92	4,270	国際会計基準
	48	ソニー	2016年 3月	1.83%	305	16,673	米国基準
	49	三井物産	2016年 3月	0.22%	24	10,911	国際会計基準
	50	三菱商事	2016年 3月	▲0.62%	▲93	14,916	国際会計基準

※決算期変更のため45期・46期の合計値を使用　　各社の有価証券報告書より作成

(1) ROAが10％を超える会社が14社ある

　繰り返しますが、ここでの著名企業というのは2015年度の決算日の株式時価総額が高い会社から選び出しました。ただし、金融機関や上場間もない会社等は除いた50社を独断で示しています。日本を代表する企業と言えます。このため、大半の会社のROAは5％を超えています。10％を超える会社が富士重工（注：2017年4月よりSUBARU）をはじめ14社あります。

　一方でROAが3％未満の会社も6社含まれています。著名企業といえども利益水準に大きな開きがあることがわかります。

(2) 経常利益ベースでのROAが比較できない会社もある

　なお、ROAを経常利益で計算できない会社があることに留意する必要があります。既に述べた国際会計基準や米国基準を採用している会社です。

　今後さらに、国際会計基準へ移行する会社が増えると思われます。米国基準や国際会計基準を採用している会社は、原則的に税引き前当期純利益によりROAを計算しています。

(3) ROEとの違い

　お金の生産性を評価する指標としては、ROE（自己資本利益率）が脚光を浴びています。

　お金の生産性を測定するのに、ROAでは分母を総資産としましたが、ROEの分母は純資産です。一方、分子はROAが経常利益であるのに対し、ROEは当期純利益となります。なお連結決算では、非支配株主持分控除後の当期純利益を使います。

　ROE＝当期純利益÷純資産というのが基本的な算式です。ROEは、会社は株主のものと考えます。そのため、株主が会社に投下している資金、すなわち純資産をインプットと考えるのです。また、最終利益である当期純利益をアウトプットとします。

　ROEについては、別途、「5章　投資家視点からの企業価値分析」で紹介します。

3　健全性は自己資本比率で把握する

B/Sから財政状態の健全性を読み取る代表的な指標が自己資本比率です。

▶ 3-1.　財政状態の健全性を示す代表指標が自己資本比率

図表Ⅳ-⑥　分析指標2：自己資本比率

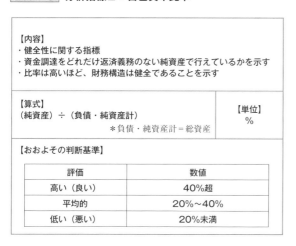

財政状態の健全性を示す指標として最も重要な指標が自己資本比率です。

負債・純資産（＝総資本）合計額に占める純資産のウエイトを示しています。

この比率が高いことは過去に高収益であったことを意味します。純資産は払込資本と内部留保から構成されますが、自己資本比率が高くなる原因は内部留保にあります。内部留保の源泉は利益しかありません。内部留保が多いことは過去、高収益会社であったことの証しといえます。また、自己資本（＝純資産）が多いことは負債、すなわち借金が少なく、将来の金利負担が少ないことを意味します。

このため、自己資本比率は高ければ高いほど健全で、倒産リスクは低い会社といえます。

▶ 3-2. 自己資本比率の平均値は20%〜40%

　法人企業統計によれば、1980年代には日本企業の自己資本比率は20%前後でしたが、その後は、一貫して上昇していることがわかります。自己資本比率の上昇は、これまで日本企業が投資を抑制し借金の返済を重視してきたことを示しています。

　私は**図表Ⅳ-⑦**から自己資本比率の平均値を20%〜40%としています。

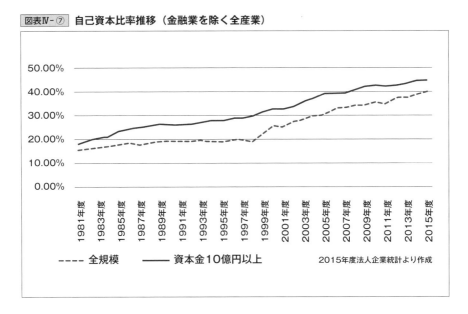

図表Ⅳ-⑦　自己資本比率推移（金融業を除く全産業）

　日本企業はバブル経済破たんの影響から、借金返済を重視した経営を続けてきました。電気機器業界をはじめとして、その煽りを受け海外企業に成長性の視点で大きな遅れをとっている企業が多いといえます。

　借金の返済を金科玉条としてきた日本企業ですが、現在では蓄積した内部留保をてこに、有利子負債を活用した積極投資が期待されます。安倍政権も、積極投資を促進するためにコーポレートガバナンスの改革等を推進しています。

　また財務分析としては借金の水準を知ることが重要となりますが、この点については第3の定石として紹介します

▶ 3-3. 著名企業の自己資本比率

図表Ⅳ-⑧は著名企業の自己資本比率を示しています。さすが、著名企業では自己資本比率は全体的には高いといえます。7割近い会社は40％を超えています。

図表Ⅳ-⑧ 著名企業の自己資本比率

単位：10億円

自己資本比率	順位	会社名	自己資本比率	純資産	負債・純資産	自己資本比率	順位	会社名	自己資本比率	純資産	負債・純資産
40％以上	1	キーエンス	94.65%	1,043	1,102	40％以上	26	花王	53.60%	687	1,282
	2	任天堂	89.51%	1,161	1,297		27	NTT	53.43%	11,240	21,036
	3	ファナック	88.24%	1,335	1,513		28	武田薬品	52.59%	2,011	3,824
	4	小野薬品	88.12%	476	540		29	富士重工	52.05%	1,349	2,592
	5	SMC	84.08%	942	1,120		30	クボタ	48.11%	1,219	2,533
	6	信越化学	82.88%	2,080	2,510		31	三菱電機	47.72%	1,938	4,060
	7	村田製作所	81.96%	1,244	1,518		32	ダイキン	47.35%	1,037	2,191
	8	中外製薬	79.66%	627	787		33	新日鐵住金	46.83%	3,009	6,425
	9	OLC	77.13%	625	810		34	セブン＆アイ	46.04%	2,505	5,442
	10	京セラ	76.70%	2,374	3,095		35	JR東海	44.65%	2,353	5,269
	11	NTTドコモ	74.06%	5,343	7,214	20～40％	36	ホンダ	38.57%	7,032	18,229
	12	キヤノン	71.92%	3,184	4,428		37	トヨタ自動車	38.14%	18,088	47,428
	13	アステラス製薬	69.98%	1,259	1,799		38	三井不動産	37.01%	1,989	5,374
	14	ヤフー	67.97%	913	1,343		39	大和ハウス	36.28%	1,182	3,258
	15	富士フイルム	67.90%	2,284	3,364		40	三菱商事	33.64%	5,018	14,916
	16	ファーストリテイリング	66.58%	775	1,164		41	三井物産	33.61%	3,667	10,911
	17	大塚ホールディングス	66.58%	1,683	2,529		42	パナソニック	33.13%	1,854	5,597
	18	デンソー	64.55%	3,255	5,043		43	日立製作所	32.87%	4,126	12,551
	19	エーザイ	61.81%	602	974		44	JR東日本	31.61%	2,463	7,790
	20	コマツ	60.73%	1,588	2,615		45	三菱地所	31.24%	1,659	5,312
	21	KDDI	60.43%	3,509	5,807		46	伊藤忠	30.51%	2,452	8,036
	22	ブリヂストン	60.12%	2,282	3,796		47	日産自動車	29.59%	5,141	17,374
	23	セコム	60.15%	943	1,568	20％未満	48	ソニー	18.74%	3,124	16,673
	24	日本電産	55.80%	773	1,384		49	楽天	15.55%	664	4,270
	25	JT	55.32%	2,522	4,558		50	ソフトバンク	12.62%	2,614	20,707

各社の2015年度有価証券報告書より作成（ファーストリテイリングは2015/8月期）

（1）なぜキーエンスの自己資本比率は90％を超えるのか

トップのキーエンスは90％を超えています。当たり前ですが、買掛金等の負債は他社並みにあります。それにもかかわらず、自己資本比率が90％を超えるというのは、想像しにくいのではないでしょうか。

実は、キーエンスの資産総額9,970億円のうち、流動資産は8,220億円です。このうち現預金は1,170億円、有価証券は5,680億円と6,850億円の手許資金を持っています。

さらに固定資産には、投資有価証券が1,290億円、金銭信託が260億円含まれ

ています。手許資金にこれらの金額を加算した投融資額は、なんと8,300億円です。資産総額9,970億円の83％を占めています。

　稼ぎ出した巨額の営業CFの使い道がなく、投融資として積みあがっているのです。ここまで極端な会社は少ないでしょうが、自己資本比率が異常に高い会社は、間違いなく潤沢な余剰資金を抱えています。

（２）ソフトバンクの自己資本比率が低いわけ

　その対極にあるのがソフトバンクです。ソフトバンクの自己資本比率が低いのは、M&Aを行なうための資金調達を可能な限り実施しているためです。これまでの財務の常識を超え、投資資金を確保するために、さまざまな手法を駆使して資金調達を行っています。

　もちろん、無制限に有利子負債の調達ができるわけではなく、財政状態の健全性を保つために独自の指標を使い規制しています。

（３）金融業は自己資本比率が低くなる

　一方、楽天やソニーも自己資本比率は低くなっています。しかし、その理由はソフトバンクとは異なります。自ら銀行業等の金融業を営んでいるためです。

　銀行では、皆さんの預金は負債になります。このため、銀行等の自己資本比率は極めて低くなりやすいのです。しかし、自己資本比率が低いのは、財政状態の健全性の観点からは望ましくありません。このため預金者を保護するために、銀行の自己資本比率に対し、厳しい規制を行っています。

　国際統一基準では、バーゼル合意に基づき、国際業務を行う銀行は達成すべき自己資本比率を8％以上と定められています。一方、国内基準では達成すべき自己資本比率を4％以上と定めており、この基準を下回ると金融庁から自己資本比率の程度に応じた業務改善指導を受けることになります。

　このことは生命保険会社にもあてはまります。皆さんの生命保険料は負債となるため、同様の規制があるのです。

4 　比較年度がポイントとなる　成長性分析

▶ 4-1．売上の成長性分析

　成長性分析では、その名のとおり企業が成長しているかどうかを診ます。

　成長性は今後の業績を予測する上でも重要な指標ですが、多くの日本企業が悩んでいる指標ともいえます。

　成長性をもっとも端的に示すのは売上高成長率です。しかし、比較年度により成長性の判断は大きく異なります。このため長期間（少なくとも5年以上）の売上推移から成長性を判断する必要があります。

図表Ⅳ-⑨　分析指標3：売上高成長率

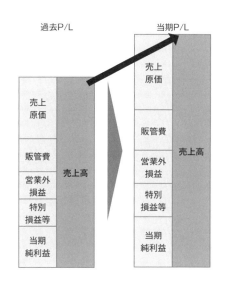

（1）売上成長率の平均値は3～5％

　では、日本の著名企業からその成長率を見てみましょう。

　図表Ⅳ-⑩は日本の著名企業の2007年度から2015年度までの売上推移を示しています。一番右側にはこの8年間の年平均成長率を示しています。

　また、リーマンショックの影響が回復されたと思われる2010年度を境に、その前後の期間の年間成長率も合わせて記載しています。対象期間により年間成長率が大きく異なることがわかると思います。

売上成長率の平均値を設定するのは難しいですが、図表Ⅳ-⑩から３％〜５％と考えています。

図表Ⅳ-⑩　著名企業の売上成長率

単位：10億円

順位	会社	売上高／営業収益			年成長率		
		2007年度	2010年度	2015年度	07年度～10年度	10年度～15年度	07年度～15年度
1	楽天	214	346	714	17.40%	15.57%	16.25%
2	ソフトバンク	2,776	3,005	9,154	2.67%	24.96%	16.08%
3	ファーストリテイリング※1	525	815	1,682	15.76%	15.60%	15.66%
4	ヤフー	262	292	652	3.73%	17.41%	12.08%
5	富士重工	1,572	1,581	3,232	0.17%	15.38%	9.43%
6	村田製作所	632	618	1,211	▲0.73%	14.40%	8.47%
7	キーエンス	201	185	379	▲2.71%	15.47%	8.28%
8	大和ハウス	1,709	1,690	3,193	▲0.37%	13.57%	8.12%
9	伊藤忠	2,860	3,582	5,084	7.79%	7.25%	7.46%
10	日本電産	705	676	1,178	▲1.41%	11.75%	6.62%
11	大塚ホールディングス※2	－	1,128	1,445	－	5.09%	6.08%
12	ダイキン	1,291	1,160	2,044	▲3.50%	11.99%	5.91%
13	中外製薬	345	380	499	3.25%	5.62%	4.72%
14	アステラス製薬	973	954	1,373	▲0.64%	7.55%	4.40%
15	OLC	342	356	465	1.32%	5.49%	3.91%
16	ファナック	468	446	623	▲1.61%	6.92%	3.64%
17	SMC	358	325	476	▲3.15%	7.91%	3.62%
18	武田薬品	1,375	1,419	1,807	1.07%	4.95%	3.48%
19	セコム	683	664	881	▲0.92%	5.82%	3.24%
20	三菱地所	788	988	1,009	7.86%	0.42%	3.15%
21	KDDI	3,596	3,435	4,466	▲1.52%	5.39%	2.74%
22	ホンダ	12,003	8,937	14,601	▲9.36%	10.32%	2.48%
23	JT※3	－	2,059	2,253	－	1.81%	1.81%
24	三井不動産	1,360	1,405	1,568	1.10%	2.22%	1.79%
25	京セラ	1,290	1,267	1,480	▲0.61%	3.15%	1.72%
26	三菱商事	6,051	5,207	6,926	▲4.88%	5.87%	1.70%
27	日産自動車	10,824	8,773	12,190	▲6.76%	6.80%	1.50%
28	デンソー	4,025	3,131	4,525	▲8.03%	7.64%	1.47%
29	ブリヂストン	3,390	2,862	3,790	▲5.49%	5.78%	1.40%
30	花王	1,319	1,187	1,472	▲3.45%	4.40%	1.38%
31	JR東海	1,559	1,503	1,738	▲1.22%	2.95%	1.37%
32	小野薬品	146	135	160	▲2.49%	3.45%	1.18%
33	三菱電機	4,050	3,645	4,394	▲3.45%	3.81%	1.03%
34	NTT	10,681	10,305	11,541	▲1.19%	2.29%	0.97%
35	トヨタ自動車	26,289	18,994	28,403	▲10.27%	8.38%	0.97%
36	クボタ	1,155	947	1,245	▲6.40%	5.62%	0.94%
37	JR東日本	2,704	2,537	2,867	▲2.09%	2.47%	0.74%
38	セブン&アイ	5,752	5,120	6,046	▲3.81%	3.38%	0.62%
39	新日鐵住金	4,827	4,110	4,907	▲5.22%	3.61%	0.21%
40	NTTドコモ	4,712	4,224	4,527	▲3.58%	1.39%	▲0.50%
41	信越化学	1,376	1,058	1,280	▲8.39%	3.87%	▲0.91%
42	ソニー	8,871	7,178	8,106	▲6.82%	2.46%	▲1.12%
43	日立製作所	11,227	9,316	10,034	▲6.03%	1.50%	▲1.39%
44	富士フイルム	2,847	2,217	2,492	▲8.00%	2.36%	▲1.65%
45	キヤノン	4,481	3,707	3,800	▲6.13%	0.50%	▲2.04%
46	パナソニック	9,069	8,693	7,554	▲1.40%	▲2.77%	▲2.26%
47	三井物産	5,715	4,679	4,760	▲6.45%	0.34%	▲2.26%
48	コマツ	2,243	1,843	1,855	▲6.34%	0.13%	▲2.35%
49	エーザイ	734	769	548	1.55%	▲6.55%	▲3.59%
50	任天堂	1,672	1,014	504	▲15.35%	▲13.04%	▲13.91%

各社の有価証券報告書より作成

※1：ファーストリテイリングは8月決算のため2015年8月期を2015年度とみなしている。
※2：大塚ホールディングスは2009年3月期が第1期となるため、2007年度の売上を記載していない。
※3：JTの2007年度の売上は、たばこ税を含んでいたため除外している。

▶ 4-2. 業種・業界で異なる成長性

図表Ⅳ-⑩に基づき年度ごとの成長性について分析を行ってみましょう。
日本経済は21世紀に入り2007年度までは好調に業績を伸ばしてきました。
しかし、2008年9月のリーマンショックで大きく売上が落ち込みます。

（1）低迷する電気機器業界

著名企業50社の中には2015年度時点で、2007年度の売上水準に戻っていない会社が12社あります。中でも目立つのが電気機器業界です。ソニー、日立製作所、キヤノン、パナソニックの4社が含まれます。また、京セラ、デンソーは2007年度水準に回復しているものの成長性は低いといえます。

電気機器業界の中で奮闘しているのが村田製作所、キーエンスです。両社とも年8％を超える高い成長性を実現しています。

（2）自動車業界も苦戦

電気機器業界ほどではありませんが、ホンダ、日産自動車、トヨタ自動車等の自動車業界の著名企業でもその成長性に陰りが見えます。

そんな中で、一人気を吐いているのが富士重工です。なんと、この8年間の売上の年成長率は9.4％です。

（3）伸びるIT／サービス業界

伸びが高いのがIT／サービス業界に属する企業です。
上位4社に、ヤフー、ソフトバンク、楽天の3社が含まれています。

成長性については、属している業界により特徴がみられるのも事実です。
しかし、業界自体は追い風と言えなくても、卓越した戦略で高い成長を誇っている会社があるのも事実です。

5 著名企業の３視点分析

▶ 5-1. 著名企業の財務指標比較

ここでは、これまでの３視点分析の結果を統合し、各社の経営課題を抽出してみたいと思います。３視点分析の特徴は、３つの視点から分析することにより経営課題を抽出できることにあります。

（１）３視点ともに高い評価が与えられるのは８社

日本を代表する著名企業で３視点とも優良な会社は下記の８社だけです。３つのバランスを保つのが難しいことを示しています。

図表Ⅳ-⑪ 著名企業の総合評価（2015年度）①

会社	ROA	自己資本比率	売上高成長率	特徴
富士重工	22.26%	52.05%	9.43%	３視点すべてが高い（優良な）会社
キーエンス	18.65%	94.65%	8.28%	
村田製作所	18.39%	81.96%	8.47%	
ヤフー	16.76%	67.97%	12.08%	
ファーストリテイリング	15.53%	66.58%	15.66%	
ダイキン	9.56%	47.35%	5.91%	
日本電産	8.62%	55.80%	6.62%	
大塚ホールディングス	6.32%	66.58%	6.08%	

（２）成長性に課題がある会社

①更なる成長性の向上が期待される７社

図表Ⅳ-⑫ 著名企業の総合評価（2015年度）②

会社	ROA	自己資本比率	売上高成長率	特徴
中外製薬	11.08%	79.66%	4.72%	健全性は高いが成長性は平均的な会社
アステラス製薬	14.55%	69.98%	4.40%	
OLC	13.48%	77.13%	3.91%	
ファナック	15.16%	88.24%	3.64%	
SMC	11.53%	84.08%	3.62%	
セコム	8.60%	60.15%	3.24%	
武田薬品	3.15%	52.59%	3.48%	

図表Ⅳ-⑫は生産性、健全性は高いが、成長性が平均的な会社です。武田薬品は生産性と成長性のいずれもが平均的ですが、どちらかを課題として取り上げるとしたら成長性だと思います。製薬業は製造原価が低く、売上拡大による利益創出や研究開発費の捻出が重要と考えるからです。

②成長性が課題の26社

　ROAや自己資本比率は高い、ないしは平均的ですが、成長性が低いのが**図表Ⅳ-⑬**の26社です。著名企業50社の約半数が該当しています。

図表Ⅳ-⑬　著名企業の総合評価（2015年度）③

会社	ROA	自己資本比率	売上高成長率	特徴
KDDI	14.11%	60.43%	2.74%	
JT	12.40%	55.32%	1.81%	
デンソー	6.89%	64.55%	1.47%	
ブリヂストン	13.36%	60.12%	1.40%	
花王	13.21%	53.60%	1.38%	
JR東海	9.71%	44.65%	1.37%	
小野薬品	6.16%	88.12%	1.18%	
三菱電機	7.84%	47.72%	1.03%	
NTT	6.32%	53.43%	0.97%	
クボタ	6.69%	48.11%	0.94%	
セブン＆アイ	6.43%	46.04%	0.62%	
NTTドコモ	10.78%	74.06%	▲0.50%	
信越化学	8.76%	82.88%	▲0.91%	成長性に課題がある会社
富士フイルム	5.78%	67.90%	▲1.65%	
キヤノン	7.85%	71.92%	▲2.04%	
コマツ	7.84%	60.73%	▲2.35%	
エーザイ	5.18%	61.81%	▲3.59%	
トヨタ自動車	6.29%	38.14%	0.97%	
JR東日本	5.51%	31.61%	0.74%	
京セラ	4.70%	76.70%	1.72%	
新日鐵住金	3.13%	46.83%	0.21%	
ホンダ	3.49%	38.57%	2.48%	
三井不動産	3.40%	37.01%	1.79%	
日産自動車	4.96%	29.59%	1.50%	
日立製作所	4.12%	32.87%	▲1.39%	
パナソニック	3.88%	33.13%	▲2.26%	

(3) 生産性ないしは健全性の向上が課題の会社

上記以外の会社を**図表Ⅳ-⑭**に示しています。

①借金を有効活用している4社

大和ハウス、伊藤忠、ソフトバンク、楽天の4社は、健全性は平均的ないしは低いのですが、成長性は高い会社です。借入金をうまく活用し、成長性を高めています。今後は生産性の向上が課題といえます。

②ROAが低い4社

三菱地所、任天堂、三井物産、三菱商事の4社はいずれもROAが平均以下で、成長性も平均的ないしは低い会社です。

三菱商事と三井物産はいずれも、資源ビジネスの業績悪化による影響です。当期純利益は両社とも赤字であり、非資源株のウエイトが高い伊藤忠は黒字を維持しています。この2社は事業構造の転換が大きな課題の会社といえます。

③3視点とも低いソニー

一方、ソニーは著名企業の中では1社だけ、すべての視点で低い会社となっています。

図表Ⅳ-⑭ 著名企業の総合評価（2015年度）④

会社	ROA	自己資本比率	売上高成長率	特徴
大和ハウス	7.17%	36.28%	8.12%	成長性は高いが生産性、健全性は平均的ないしは課題がある会社
伊藤忠	4.02%	30.51%	7.46%	
ソフトバンク	4.86%	12.62%	16.08%	
楽天	2.15%	15.55%	16.25%	
三菱地所	2.73%	31.24%	3.15%	生産性に課題がある会社
任天堂	2.22%	89.51%	▲13.91%	生産性と成長性に課題がある会社
三井物産	0.22%	33.61%	▲2.26%	
三菱商事	▲0.62%	33.64%	1.70%	
ソニー	1.83%	18.74%	▲1.12%	3視点ともに課題がある会社

▶ 5-2. なぜ３視点が重要なのか

　財務諸表分析の定石として３視点分析を紹介しましたが、なぜ３つの視点が重要なのか疑問に思う方もいるのではないでしょうか。その理由を説明しましょう。

（１）企業の成長サイクル

　会社は「投資→売上拡大→利益拡大→財務改善→再投資」というサイクルを繰り返しながら成長していきます。

　企業はまず資金調達により投資を行います。この段階では、企業は売上の拡大、すなわち成長性が課題となります。

　売上拡大が安定すれば、利益さらには営業CFの増加が課題となります。

　利益、さらには営業CFの増加は、借入れ返済を可能にします。借入資金の返済に伴い財政状況が改善されれば、新たな資金調達が可能となります。

　この段階になると、新たな投資の選定が課題となります。

　このようなサイクルを繰り返しながら会社は成長します。このため、生産性、成長性、健全性の３つの視点ですべて優良というのは難しく、３視点で分析すると会社の抱える課題が明確になるのです。

（２）成長戦略が課題の企業が多い日本企業

　日本企業はバブル崩壊で悪化した財務構造を、コストダウンの徹底と投資を抑制して借入れ返済を重視することにより立て直してきました。その結果、自己資本比率は高くなったのですが、新たな成長領域を見いだせず、成長性が課題になっている企業が多いといえます。新たな成長領域の発掘による投資拡大は日本企業の喫緊の経営課題となっています。

4章-2

定石2：ROAの原因分析

1　金儲けの原則にのっとりROAを分析する

　ROAを基軸とした分析手法は19世紀末にデュポン社で開発されました。
　お金の生産性を測定するだけでなく、その原因を分析し特定するロジックを開発したのです。この手法の裏側には、お金儲けの原則があります。この原則にのっとり財務諸表を読むこと、これが財務指標分析の2つ目の定石です。
　お金儲けの原則は財務分析を行ううえで、重要なポイントです。このことを簡単な事例で紹介したいと思います。下記の問題をまず考えてみてください。

[問題]

　あなたに1億円の余剰資金があったとします。
　ただし1年後には使途が決まっています。あなたは、この1億円を増やすために1年だけの期間限定ビジネスを始めます。
　モンゴルの友人からモンゴルの珍しい商品を仕入れ、日本で販売するビジネスです。このビジネスで成功するにはどうすれば良いかを、財務的な視点から考えてください。

良いものを安く仕入れて高く売る（第1の原則）

　儲けるための第1の原則は、いかに良い商品を安く仕入れ、高く売るかです。
　諸経費含め1億円で仕入れた商品をいくらで売るか。
　あなたが1億2,000万円で売りさばくことができれば、儲けは2,000万円です。
　1億1,000万円で売れれば、儲けは1,000万円となります。

　実はもう一つ原則があります。それは何でしょうか。

▶ 1-1. ROA＝売上高経常利益率×総資産回転率

実はこのお金儲けの原則を指標化したのが、見出しの「売上高経常利益率」と「総資産回転率」です。ROAはこの2つの指標の掛け算として示されます。

その関係を示したのが**図表Ⅳ-⑮**です。

図表Ⅳ-⑮　お金の生産性を高める二つの方法

	総資産経常利益率	=	売上高経常利益率	×	総資産回転率
	経常利益×100 / 総資産		経常利益×100 / 売上高		売上高 / 総資産
標準	5%	=	5%	×	1
Aパターン	5%	=	2.5%	×	2
Bパターン	5%	=	10%	×	0.5

◆日本企業の総資産経常利益率の標準値は5％だが、5％の稼ぎ方にはいくつかのパターンがある

　図表Ⅳ-⑮ではROAの標準値を5％とした場合、メーカーでの標準的な売上高経常利益率は5％、総資産回転率は1回転となることを示しています。

　しかし、ROA5％の稼ぎ方はいろいろあります。図表Ⅳ-⑮でAパターンは回転率重視の商売です。薄利多売によるお金の回転を重視するため、売上高経常利益率は低くなります。

　逆にBパターンは、高付加価値型と言えます。できるだけ珍しい商品を探し、高く買ってくれる人を見つけだしたうえで販売するため、時間はかかり回転率は低くなります。反面、売上高経常利益率は高くなります。

　このように、同じ5％を稼ぐにもいろいろな方法があることがわかります。

　同様に、ROAを2つの指標に分解しライバルと比較することにより、生産性が高い（低い）原因がどちらにあるかを明らかにすることができます。

▶ 1-2. 効率性を示す総資産回転率

（1）ビジネス成功の第2の原則は回転率

これまでの説明で先ほどの問題の答えがわかったでしょうか。

あなたが1年間で仕入れて売り、現金を回収するという行為を何回できたかで儲けは違ってきます。

例えば1億円で仕入れ、1億2,000万円で売却できるとしたら、この行為を年間で1回しかできなければ儲けは2,000万円です。しかし2回できれば4,000万円、3回できれば6,000万円が儲けとなります。まさにタイムイズマネーです。

一般に理解しにくいのがこの回転率です。スピードといっても良いでしょう。

最初に示した問題の答えがこの回転率です。

> 回転率を高める（第2の原則）

（2）分かりにくい回転率

回転率は業界でも異なりますし、同一業界でも会社の戦略により異なります。参考までに**図表Ⅳ-⑯**に業界の平均値を示しています。

図表Ⅳ-⑯　分析指標4：総資産回転率

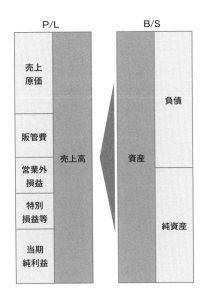

【内容】
・お金の生産性に関する効率性指標
・企業への投下資金が、効率的に活用されているかを示す
・比率は高いほど、投下資金をスピーディーに回収していることを示す

【算式】
総資産回転率＝売上÷総資産

【単位】
回転

【おおよその判断基準】

評価	製造業	卸売業	小売業
総資産回転率	0.9	2.0	1.5

※法人企業統計、大企業の10年間の平均値

この回転率は、なかなかイメージしにくいようです。もう少し補足説明しましょう。一般企業では企業に投下された資金は固定資産やたな卸資産として運用されます。ROAを高めるには、まず投下された資金が売上に貢献する必要があります。資産回転率が低いということは、せっかく建設した工場が遊んでいたり、生産した製品が売れずに倉庫に山積みになっている、あるいは販売代金が滞留債権になっている可能性があることを示します。

　投入された資金が売上に貢献し、資金が効率的に活用されているか否かを示すのが総資産回転率です。

（3）売上高利益率では生産性を把握できない

　管理会計的にはP／Lを部門単位で作成し、その業績を評価することが多いと思います。しかし、原則は投下資本に対する利益での評価です。

　そのためには、部門別のP／Lだけでなく、B／Sも作成すべきということになります。売上高利益率は高いが、総資産回転率は低いというケースがあるからです。

　しかし、部門ごとにB／Sを作成するには、難しい問題も多く手間がかかります。また、その理屈を理解するのも大変です。そこで、多くの企業では部門別の業績評価はP／Lにより行われています。このため、生産性はP／Lから売上高利益率を診ればわかると理解している人が多いようです。

　同一事業であれば、総資産回転率に大きな差はないという前提のもとに、売上高利益率で生産性を判断することも可能です。ただし、事業が異なれば回転率は異なってきます。したがって、異なる事業間の生産性比較には、B／Sの作成が必須となります。

　生産性は投下資本に対する利益で判断する必要があります。また、お金の生産性は売上高利益率を上げるだけでなく、回転率を上げることも重要であることを理解いただけたでしょうか。

▶ 1-3. 収益性を示す売上高経常利益率

（1）売上100円あたりの経常利益を示す

売上高利益率の代表が売上高経常利益率です。その概要は**図表Ⅳ-⑰**のとおりです。

図表Ⅳ-⑰ **分析指標5：売上高経常利益率**

【内容】
・お金の生産性に関する収益性指標
・売上に対する経常利益の率で、経常的な収益力を示す
・比率は高いほど、少ない費用で多額の売上を上げていることを示す

【算式】
（経常利益）÷（売上）

【単位】
％

【おおよその判断基準】

評価	製造業	卸売業	小売業
売上高経常利益率	4.7%	1.4%	3.5%

※法人企業統計、大企業の10年間の平均値

売上高経常利益率は意外に理解しやすいと思います。売上高100円当たり、いくらの経常利益が含まれているかという指標です。図表Ⅳ-⑰に示したように業界により差があります。また、同じ業界でも戦略により異なります。

（2）さらに原因を分析する

ROAが高いか否かを判断できたら、次にROAが高い（低い）原因が総資産回転率にあるのか、売上高経常利益率にあるのかを特定することが重要です。

そのうえで、さらに問題となる売上高経常利益率や総資産回転率について分析し、ROAが高い（低い）原因がどこにあるのかを特定します。

▶ 1-4. 自動車業界のROA分析

それでは具体的に自動車会社を例にROAの分析をしてみましょう。

図表Ⅳ-⑱では自動車業界の8社についてROA、売上高経常利益率、総資産回転率を示しています。

ROA、売上高経常利益率が10％以上、総資産回転率1.5回転以上と高水準を示す箇所には薄く、逆にROA、売上高経常利益率が3％未満、総資産回転率が1回転未満と低水準である箇所には濃く色を塗っています。上段には連結、下段には単独の数値を示しています。

図表Ⅳ-⑱ 自動車会社2015年度のROA分析：連結および単独決算

(単位：10億円)

連単区分	会社名	ROA ②÷③	売上高経常利益率 ②÷①	総資産回転率 ①÷③	売上 ①	経常利益（税前利益）②	総資産 ③
連結	トヨタ自動車	6.29%	10.50%	0.60	28,403	2,983	47,428
	日産自動車	4.96%	7.07%	0.70	12,190	862	17,374
	ホンダ	3.49%	4.35%	0.80	14,601	635	18,229
	マツダ	8.77%	6.56%	1.34	3,407	224	2,548
	富士重工	22.26%	17.85%	1.25	3,232	577	2,592
	三菱自動車	9.84%	6.22%	1.58	2,268	141	1,434
	スズキ	7.74%	6.57%	1.18	3,181	209	2,702
	ダイハツ	6.37%	5.42%	1.17	1,690	92	1,439
単独	トヨタ自動車	14.19%	19.71%	0.72	11,586	2,284	16,100
	日産自動車	7.84%	11.13%	0.70	3,493	389	4,962
	ホンダ	2.15%	1.84%	1.17	3,304	61	2,828
	マツダ	7.59%	5.68%	1.34	2,607	148	1,951
	富士重工	24.04%	21.05%	1.14	2,083	439	1,824
	三菱自動車	10.94%	5.69%	1.92	1,806	103	939
	スズキ	5.01%	4.73%	1.06	1,609	76	1,520
	ダイハツ	3.82%	2.70%	1.42	1,025	28	724

各社の2015年度有価証券報告書より作成

（1）際立つ富士重工のROA（連結ベース）

連結ベースでは、富士重工のROAが22.26％と最も高く際立っています。売上高経常利益率17.85％は8社中No.1です。総資産回転率1.25倍は三菱自動車、マツダに次ぐ水準ですが、富士重工のROAが高い原因は、圧倒的な売上高経常利益率の高さにあるといえます。

(2) 異なる連結と単独のROA

　トヨタ自動車、日産自動車、富士重工、三菱自動車のROAは、単独ベースが連結ベースを上回っています。特に、トヨタ自動車の単独のROAは14.19％と、連結のROA　6.29％の倍以上の水準となっています。これは、グループ会社で販売金融会社、リース会社等の事業を行っており、そのウエイトが高いためです。一般に金融事業のROAは低く、それが連結のROAを低下させています。

　一方、ホンダ、マツダ、スズキ、ダイハツの四社は単独ベースが連結ベースを下回っています。これらの会社では国内事業に比べ海外事業が好調であるためと思われます。

(3) 単独ベースでのROAが高い理由

　単独ベースでのROAが10％を超える富士重工、トヨタ自動車では、ROAが高い原因が経常利益率にあるのは明らかです。対照的に三菱自動車は、1.92回転と高い総資産回転率がROAを高くする原因になっています。

　一方、ホンダのROAが2.15％と低いのは、経常利益率が1.84％と低いことがその原因です。

　このように、ROAの原因分析では、まずROAが高いのか低いのかを明らかにします。さらにその原因が経常利益率にあるのか、総資産回転率にあるかを分析します。

　その上で、更に経常利益率や総資産回転率が高い（低い）原因を分析することにより、ROAが高い（低い）原因がどこにあるかを明らかにすることが重要です。

　次頁以降では、金融事業等が含まれない単独ベースでの財務諸表に基づき、さらに自動車各社のROAの原因分析を行います。販社や海外子会社の業績が含まれていないことに留意してください。

2 収益性が高い(低い)原因を特定する

P/Lに基づくROAの原因分析は、収益性分析と呼ばれています。収益性分析を行うには、まずP/Lの表示ルールを理解しておくことが重要です。P/Lの表示ルールは、収益性が分析しやすいように定められているからです。

▶ 2-1. P/Lの表示ルールは段階的利益表示

P/Lの表示ルールの特徴を一言でいうと、段階的利益表示です。最終利益だけでなく段階的に利益を表示しています。**図表Ⅳ-⑲**はトヨタ自動車のP/L(単独)ですが、上から「売上総利益」「営業利益」「経常利益」「税引前当期純利益」「当期純利益」の5つの利益が段階的に示されています。

図表Ⅳ-⑲ 損益計算書の表示ルール

トヨタ自動車の損益計算書(単独)
(単位:百万円)

	2015年度
売上高	11,585,822
売上原価	8,841,184
売上総利益	2,744,637
販売費及び一般管理費	1,342,511
営業利益	1,402,126
営業外収益	966,658
営業外費用	84,693
経常利益	2,284,091
特別利益	0
特別損失	0
税引前当期純利益	2,284,091
法人税等合計	473,720
当期純利益	1,810,370

トヨタ自動車の2015年度有価証券報告書より作成

- 「売上総利益」は売上げから、売上原価を控除したいわゆる粗利
- 売上総利益から販管費を控除したのが本業の利益といわれる「営業利益」
- 営業利益に金融収支が主体となる営業外損益を加減したのが、企業の経常的な収益力を示す「経常利益」
- 経常利益に臨時偶発的に生じた特別損益を加減したのが「税前利益」(税引前当期純利益)
- 税前利益(税引前当期純利益)から法人税等を控除したのが企業の最終利益である「当期純利益」

PLには5つの利益が段階的に表示されている

段階的に利益を表示することにより、収益分析が行いやすくなりますが、それぞれの利益の意義を覚えることが不可欠です。

計算式は図表Ⅳ-⑲のとおりですが、これでは頭には入らないですよね。補足説明をしましょう。

①いわゆる粗利益が「売上総利益」

売上高（11.59兆円）から売上げた製品に対応する原価（8.84兆円）を控除し、売上総利益（2.74兆円）を算定しています。いわゆる粗利益が「売上総利益」です。

②本業の利益が「営業利益」

売上総利益（2.74兆円）から、「販管費」（1.34兆円）を控除し営業利益（1.40兆円）を示します。

販売費及び一般管理費は長いので「販管費」と略して呼びます。

販売活動や一般管理活動に要した人件費、広告宣伝費、本社の減価償却費等が「販管費」に含まれます。

営業利益はよく「本業の利益」と呼ばれます。言い得て妙で、覚えやすいのではないでしょうか。

③経常的な収益力を示す「経常利益」

営業利益（1.40兆円）に「営業外収益」（0.97兆円）を加え、「営業外費用」（0.08兆円）を控除したのが経常利益（2.28兆円）です。

営業外収益と営業外費用の合計を営業外損益と呼ぶことがあります。営業外損益には、営業活動以外、すなわち財務活動、投資活動による損益が記載されます。営業外収益の代表は投資の成果である「受取利息・配当金」です。

一方、営業外費用の代表は資金調達（財務活動）により発生する「支払利息」です。この他には「為替差損益」が常連です。為替差益は営業外収益に、為替差損が発生すれば営業外費用に計上されます。

トヨタ自動車では2015年度に7,994億円の「受取り配当金」が発生し、営業外収益が営業外費用847億円を大きく上回っています。子会社等からの配当が、単独決算の業績に大きく貢献しています。

④同額の「税引前当期純利益」を計上

一般的には、「経常利益」に「特別利益」を加算し「特別損失」を控除することで税引前当期純利益を示します。

「特別利益」と「特別損失」は合わせて「特別損益」と呼ばれ、臨時偶発的に生じた巨額の損益や会計基準の変更に伴う修正損益部分（前期損益修正項目）が特別損益として表示されます。

これらの損益を除外することにより、企業の経常的な収益力を判定することが可能となります。一方、具体的に何を特別損益にするかは企業に任されます。このため投資家視点を重視する国際会計基準や米国基準では、特別損益を区分し経常利益を表示することは認められていません。

トヨタ自動車では特別損益は計上されていないため、「経常利益」がそのまま「税引前当期純利益」となっています。一般に、日本企業は「経常利益」を重視し、特別損益を計上する傾向にあり、特別損益を計上していないトヨタ自動車は例外的といえます。

⑤企業の最終利益が「当期純利益」

「税引前当期純利益」（2.28兆円）から「法人税等合計」（0.47兆円）を控除し、最終利益である当期純利益（1.81兆円）が示されます。

税引前当期純利益に対して、負担すべき税金の割合は実効税率と呼ばれています。利益に対し課税される税金には法人税、住民税、事業税があります。

日本の大企業の実効税率は約35％です。

⑥実効税率と実際税率は異なる

トヨタ自動車の実際の税率は計算すると、20.7％（＝法人税等合計：0.47兆円÷税引前当期純利益：2.28兆円）です。なぜ、実効税率と大きく差があるのでしょうか。

その原因は、「受取配当金益金不算入制度」にあります。

企業が受け取る子会社等からの配当は、子会社等に法人税が課税された後の利益の中から支払われます。このため、二重課税を防ぐため、受取配当に関わる税金は免除されるというのがその理屈です。

▶ 2-2. 収益性分析は段階的利益表示を活用する

収益性分析は、この段階的利益表示を活用することにより、売上高経常利益率が高い（低い）原因を特定します。収益性分析の概要は**図表Ⅳ-⑳**のとおりです。

図表Ⅳ-⑳　分析指標６：売上高総利益率／分析指標７：売上高営業利益率

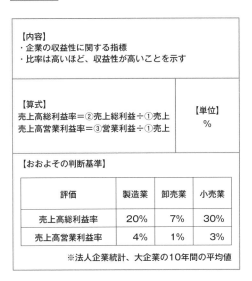

参考までに図表Ⅳ-⑳で売上高総利益率や売上高営業利益率は業界ごとの平均値を法人企業統計より作成し示しています。

ROAや自己資本比率は、あまり業種に関係なく良否を判定するための判断基準を示すことが可能です。しかし、利益構造等は業界により異なるため、具体的にライバル企業と比較することをお勧めします。

▶ 2-3. 自動車会社の収益性分析

それでは実際に自動車業界の収益性分析をしてみましょう。

既に売上高経常利益率は算定しているため、売上高総利益率と売上高営業利益率を診ることがポイントです。

ただし最初は慣れないので、**図表Ⅳ-㉑**のように費用を含めP／Lの主要科目別に対売上構成比を示し、分析することをお勧めします。

トヨタ自動車、日産自動車、富士重工の売上高経常利益率は10％を超え、他の自動車会社を大きく引き離しています。それはなぜなのかを分析するのが収益性分析のポイントになります。

図表Ⅳ-㉑　自動車業界の収益性分析（2015年度単独）

（単位：10億円）

科目	計算式	トヨタ自動車	日産自動車	ホンダ	マツダ	富士重工	三菱自動車	スズキ	ダイハツ
売上高	①	11,586	3,493	3,304	2,607	2,083	1,806	1,609	1,025
売上原価	②	8,841	2,986	2,196	2,158	1,467	1,563	1,219	891
売上総利益	③	2,745	508	1,108	449	616	243	391	134
販管費	④	1,343	324	1,299	313	201	181	339	128
営業利益	⑤	1,402	184	▲191	136	415	61	52	6
営業外収益	⑥	967	239	273	31	36	59	32	24
営業外費用	⑦	85	34	21	19	12	18	8	2
経常利益	⑧	2,284	389	61	148	439	103	76	28
売上	①÷①	100.0%	100.0%	100.0%	100.0%	100.0%	100.0%	100.0%	100.0%
売上原価率	②÷①	76.3%	85.5%	66.5%	82.8%	70.4%	86.6%	75.7%	86.9%
売上高総利益率	③÷①	23.7%	14.5%	33.5%	17.2%	29.6%	13.4%	24.3%	13.1%
販管費率	④÷①	11.6%	9.3%	39.3%	12.0%	9.7%	10.0%	21.1%	12.5%
売上高営業利益率	⑤÷①	12.1%	5.3%	▲5.8%	5.2%	19.9%	3.4%	3.2%	0.6%
営業外損益率	(⑥-⑦)÷①	7.6%	5.9%	7.6%	0.5%	1.1%	2.3%	1.5%	2.1%
経常利益率	⑧÷①	19.7%	11.1%	1.8%	5.7%	21.1%	5.7%	4.7%	2.7%

各社の2015年度有価証券報告書より作成

①高い売上高経常利益率の原因が営業外収益にある日産、ホンダ

まずは本業の利益率を示す売上高営業利益率に着目します。

売上高経常利益率が10％を超える3社のうち、売上高営業利益率も10％を超えているのはトヨタ自動車（12.1％）と富士重工（19.9％）の2社です。これに対し、日産自動車は5.3％と売上高営業利益率水準が高いわけではありません。

このことから営業外損益率が高いことが、日産自動車の売上高経常利益率が

高い原因であることがわかります。営業外損益率が高いのは、営業外費用よりも営業外収益が圧倒的に多いためです。受取利息・配当金すなわち子会社等の業績が良かったことに売上高経常利益率が高い原因があるという推定ができます。

②売上高総利益率と販管費比率のバランスが良いトヨタ自動車、富士重工

　一方、なぜトヨタ自動車と富士重工の売上高営業利益率は高いのでしょうか。
　考えられる理由は2つしかありません。売上高総利益率が高いか、販管費比率が低いかのいずれかです。
　両社ともに、他社に比べ販管費比率はトヨタ自動車（11.6％）、富士重工（9.7％）とやや低めで、売上高総利益率はトヨタ自動車（23.7％）、富士重工（29.6％）とやや高めです。売上高総利益率と販管費比率のバランスの良さが高い売上高営業利益率に結び付いているといえそうです。

③圧倒的な営業外収益力を持つトヨタ自動車

　なおトヨタ自動車は売上高営業利益率に加え、営業外損益率の高さに注目する必要があります。9,670億円の営業外収益のうち7,990億円は受取配当金です。トヨタ自動車は優秀な子会社やトヨタ銀行と呼ばれるほどの多額の投資有価証券を保有しており、それがトヨタ自動車の利益に大きな影響を与えていることがわかります。

④売上高総利益率は高いが一般管理費（研究開発費）に食われているホンダ

　ホンダの売上高総利益率は33.5％と他社を圧倒しています。しかし、販管費比率が39.3％と高いため、売上高営業利益率は▲5.8％の赤字となっています。
　補足情報を示すP／Lの注記には、販管費に占める販売費と一般管理費のウエイトが記載してあります。注記によれば販売費は34％、一般管理費は66％となっています。一般管理費のウエイトが極めて高いのが特徴です。
　一般管理費には、研究開発費が含まれます。販管費1兆2,990億円のうち6,890億円が研究開発費です。一般管理費の大半が研究開発費であることがわかります。その内容は研究開発部門の人件費や研究施設の償却費等です。
　販管費比率が高いからと言って、安易に販管費を削減すべきという結論にもっていくのは乱暴です。その内容を分析することが必要です。

また、2015年度は品質保証問題に関連し、2,170億円（2014年度は680億円）の製品保証引当金繰入額を計上したことが販管費増による営業利益赤字の一因です。

⑤売上高総利益率は高いが販売費に食われているスズキ

　ホンダほどではありませんが、スズキの販管費比率が21.1％と高く、売上高営業利益率が3.2％と低い原因になっています。

　注記をみると販管費3,390億円のうち、販売費は2,170億円、一般管理費は1,220億円（うち研究開発費は1,130億円）とホンダとは対照的に販売費のウェイトが高いのが特徴です。

⑥日産自動車、三菱自動車、ダイハツは売上高総利益率の改善が課題

　一方、日産自動車14.5％、三菱自動車13.4％、ダイハツ13.1％と3社の売上高総利益率は低水準です。そのため売上高営業利益率も三菱自動車3.4％、ダイハツ0.6％と低水準となっています。

　日産自動車は販管費比率が9.3％と低く、営業外損益率がプラス5.9％と高いことにより、売上高経常利益率は11.1％と高水準になっていることは既に述べたとおりです。

　しかし、売上高総利益率の改善が課題であることは間違いありません。

3　効率性が高い（低い）原因を特定する

　売上高経常利益率を分析する収益性分析に対し、総資産回転率が高い（低い）原因を特定するのが効率性分析です。効率性分析を行うには、やはりまずB／Sの表示ルールを理解することが重要となります。

▶ 3-1.　B／Sは流動性配列法で表示されている

　図表Ⅳ-㉒はトヨタ自動車の2015年度のB／S（単独）です。B／Sの表示ルールの特徴は流動資産と固定資産を区分している点にあります。

図表Ⅳ-㉒　トヨタ自動車の単独貸借対照表（2015年度）

単位：百万円

	当事業年度 (2016年3月31日)		当事業年度 (2016年3月31日)
資産の部		負債の部	
流動資産		流動負債	
現金及び預金	1,131,981	支払手形	47
売掛金	1,017,196	電子記録債務	220,156
有価証券	2,333,446	買掛金	887,371
商品及び製品	176,510	短期借入金	20,000
仕掛品	85,087	1年内償還予定の社債	40,000
原材料及び貯蔵品	107,402	未払金	563,286
短期貸付金	940,579	未払法人税等	213,746
繰延税金資産	498,260	未払費用	867,028
その他	672,355	預り金	629,348
貸倒引当金	▲49,300	製品保証引当金	492,258
流動資産合計	6,913,520	役員賞与引当金	1,101
固定資産		その他	39,883
有形固定資産		流動負債合計	3,974,228
建物（純額）	346,815	固定負債	
構築物（純額）	39,905	社債	310,000
機械及び装置（純額）	236,103	退職給付引当金	318,369
車両運搬具（純額）	20,572	繰延税金負債	390,298
工具、器具及び備品（純額）	86,049	その他	247,869
土地	404,344	固定負債合計	1,266,537
建設仮勘定	129,314	負債合計	5,240,766
有形固定資産合計	1,263,106	純資産の部	
投資その他の資産		株主資本	
投資有価証券	5,689,154	資本金	635,401
関係会社株式・出資金	1,992,030	資本剰余金	655,322
長期貸付金	136,675	利益剰余金	9,675,108
その他	110,223	自己株式	▲1,611,555
貸倒引当金	▲4,500	株主資本合計	9,354,277
投資その他の資産合計	7,923,583	評価・換算差額等	1,503,605
固定資産合計	9,186,689	新株予約権	1,560
		純資産合計	10,859,433
資産合計	16,100,209	負債純資産合計	16,100,209

トヨタ自動車の2015年度有価証券報告書より作成

(1) ワン・イヤー・ルールで流動と固定を区分する

　流動資産（負債）と固定資産（負債）の区分基準は、「ワン・イヤー・ルール」というのが覚えやすいです。ワン・イヤー・ルールとは、決算日から1年以内に回収期限や支払い期限等が到来するか否かにより流動資産（負債）と固定資産（負債）を区分するルールです。

　もっとも、生産に1年以上かかる製品の仕掛品は固定資産になるのかといえば、そんなことはありません。正常営業循環基準により、預金→原料（・商品）の調達→製造→販売→代金回収と営業過程（営業循環）にある正常な資産はワン・イヤー・ルールに関係なく、すべて流動資産となります。

(2) なぜ流動と固定を区分するのか

　流動と固定に区分するのは短期の支払い能力を把握するためでした。

　1年以内に期限が来る流動負債に対し、現預金および1年以内に現金化し得る流動資産がいくらあるかを示すことにより短期の支払い能力を債権者は判断可能となります。

　これを流動比率（＝流動資産÷流動負債）と呼び、財務分析では代表的な指標でした。しかしながら、多品種化が進み、たな卸資産は少ないほど良いと考えられる現在では、指標としての有効性を無くしています。ただし、過去の慣習から流動と固定に区分しています。

(3) 日本基準では流動性配列法が基本

　B／Sの表示ルールは、日本の会計基準では流動性配列法が基本となります。すなわち資産や負債の欄にはまず流動資産（負債）、次に固定資産（負債）を計上します。もっとも資産のほとんどを固定資産が占める電力会社や鉄道会社では、固定資産（負債）を先に表示する固定性配列法が適用されます。

　国際会計基準では、流動資産・負債は同じですが、「固定資産・負債」は「非流動資産・負債」と呼ばれます。意味が明瞭であれば「非流動」以外の代替表現、すなわち固定資産（負債）も使用可能です。

　また、「流動性配列法」「固定性配列法」の選択は、資産・負債で別々に選択してもよく、柔軟な対応が可能です。

▶ 3-2. 要約B／S作成の勧め

図表Ⅳ-㉒で示したトヨタ自動車のB／Sでは、網掛け（色が濃くなった部分）のところが重要な科目となります。B／Sの内容を構造的に把握するには、この部分を使い**図表Ⅳ-㉓**の要約B／Sを作成することをお勧めします。

図表Ⅳ-㉓　トヨタ自動車の要約B／S（単独）

単位：百万円

	（2016年3月31日）		（2016年3月31日）
流動資産	6,913,520	負債	5,240,766
手許資金	3,465,427	仕入れ債務	1,107,574
現金及び預金	1,131,981	支払手形	47
有価証券	2,333,446	電子記録債務	220,156
売上債権	1,017,196	買掛金	887,371
受取手形		有利子負債	370,000
売掛金	1,017,196	短期借入金	20,000
たな卸資産	368,999	1年内償還予定の社債	40,000
商品及び製品	176,510	社債	310,000
仕掛品	85,087	その他負債	3,763,192
原材料及び貯蔵品	107,402	純資産	10,859,443
その他流動資産	2,061,898	払込資本	1,290,723
固定資産	9,186,689	資本金	635,401
有形固定資産	1,263,106	資本剰余金	655,322
無形固定資産		内部留保	9,568,718
投資その他の資産	7,923,583	利益剰余金	9,675,108
投資有価証券	5,689,154	自己株式	▲1,611,555
関係会社株式・出資金	1,992,030	評価・換算差額等	1,503,605
その他	242,399	新株予約権	1,560
資産合計	16,100,209	負債・純資産合計	16,100,209

トヨタ自動車の2015年度有価証券報告書より作成

（1）流動資産の主要構成要素は「手許資金」「売上債権」「たな卸資産」

流動資産を「手許資金」「売上債権」「たな卸資産」「その他流動資産」の4つに区分します。トヨタ自動車の流動資産は「手許資金」「売上債権」「たな卸資産」の3つで大半を占めていることが図表Ⅳ-㉓からわかると思います。

手許資金は、いつでも自由に使える資金で現預金と有価証券が該当します。売上債権は販売代金の未回収分で、「受取手形」と「売掛金」が該当します。たな卸資産は販売を目的に保有する製品（自社生産品）や商品（他社調達品）、製品を製造するために必要な原材料や貯蔵品、生産途上にある製品（仕掛品）が含まれます。

一般に「手許資金」と「その他流動資産」の金額は少なく、「売上債権」と

「たな卸資産」が流動資産の代表的な内容となります。

（2）固定資産は内部投資と外部投資に大きく区分される

　固定資産は「有形固定資産」「無形固定資産」「投資その他の資産」の3つに区分されます。固定資産を有形と無形に区分すれば、それで終わりに思えますが、さらに「投資その他の資産」が加わります。

　大きくは（企業）内部投資と（企業）外部投資に区分され、さらに（企業）内部投資が形の有無により有形固定資産と無形固定資産に区分されているのです。貸付金と有価証券が代表的な外部投資です。

（3）負債は「仕入債務」「有利子負債」を把握する

　負債の部は有利子負債の把握が重要となります。

　そのため、要約B／Sでは負債は流動と固定を区分せずに、「仕入債務」「有利子負債」「その他の負債」の3つに区分します。

　有利子負債すなわち借金の総額を知ることは、借金の水準を知るための前提となります。有利子負債には借入金、社債、転換社債、リース債務等の名称が記載されている科目が該当します。

（4）純資産＝「払込資本」＋「内部留保」

　純資産は払込資本と内部留保に区分することが重要です。「払込資本＝資本金＋資本剰余金」と覚えてください。

　実は純資産には、「自己株式」と「新株予約権」という性格があいまいな科目があります。しかし、割り切って内部留保としても、財務諸表を読む上で大きな問題が生じることはありません。

▶ 3-3. 効率性分析～なぜ総資産回転率が低い（高い）のか～

ここからが本論ですが、効率性分析には回転率と回転期間の2つがあることを理解することがポイントです。

（1）流動資産回転率と固定資産回転率を算定する

総資産回転率が低い（高い）原因は、B／Sの表示ルールに従い分析します。

B／Sの資産は大きく流動資産と固定資産とに区分されます。したがって、総資産回転率を流動資産回転率と固定資産回転率に分解し、総資産回転率が高い（低い）原因がどこにあるかを明らかにします。

図表Ⅳ-㉔に業種ごとの流動資産回転率と固定資産回転率の平均値を記載しています。

図表Ⅳ-㉔ 分析指標8：流動資産回転率／分析指標9：固定資産回転率

【内容】
・投下資産（資金）の効率性に関する指標
・比率は高いほど、投下資金が売上に貢献し、効率的に投下資金が活用されていることを示す

【算式】
流動資産回転率＝①売上÷②流動資産
固定資産回転率＝①売上÷③固定資産

【単位】
回転

【おおよその判断基準】

評価	製造業	卸売業	小売業
流動資産回転率	1.2	3.4	4.2
固定資産回転率	1.6	5.3	2.3

※法人企業統計、大企業の10年間の平均値

卸売業は、固定資産投資がそれほど必要ないので、固定資産回転率は高くなります。一方、小売業は現金商売中心で売上債権が少ないため、流動資産回転率が高くなります。収益性分析と同様に業種により異なります。

(2) 売上債権回転期間とたな卸資産回転期間を算定する

　流動資産の主要内訳は既に述べたように、売上債権とたな卸資産です。したがって更に流動資産回転率を分析するには、これらの科目ごとに分析します。
　この場合は回転率ではなく、回転期間を使うことがポイントです。
　もちろん回転率は算定できるのですが、数値が異常に大きくなり、イメージを掴むのが難しくなるためです。

図表Ⅳ-㉕　分析指標10：売上債権回転期間／分析指標11：たな卸資産回転期間

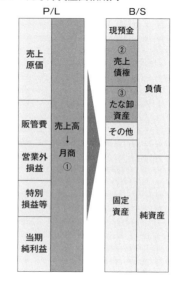

【内容】
・何ヶ月分の売上に相当する売上債権やたな卸資産を持っているかを示す指標
・この期間が同業他社より長いことは滞留売上債権や、滞留たな卸資産の存在可能性を示唆する

【算式】
売上債権回転期間＝②売上債権÷①月商
たな卸資産回転期間＝③たな卸資産÷①月商

【単位】
カ月

【おおよその判断基準】

評価	製造業	卸売業	小売業
売上債権回転期間	2.4	2.0	0.5
たな卸資産回転期間	1.2	0.5	0.9

※法人企業統計、大企業の10年間の平均値

　図表Ⅳ-㉕に記載したとおり、回転期間は回転率と分母、分子が逆になります。また、分母の売上は12ヶ月で除して月商として計算します。
　回転期間は月商の何ヶ月分を保有しているかを示すため、直感的に理解しやすくなるのではないでしょうか。特に売上債権の回転期間は、業界の決済ルールと比較することにより、異常か否かが判断できます。
　利益率や回転率は高ければ高いほど良いのですが、分母分子が逆になるため、回転期間は長いほど、非効率なことを示します。その点に注意が必要です。原則的には比率分析は高いほど良いという判断ができるように作られていますが、回転期間はその例外となります。

▶ 3-4. 自動車会社の効率性分析

自動車業界の各社について要約B／Sの資産の部に基づき、効率性の分析をしたのが**図Ⅳ-㉖**です。手許資金やその他流動資産、さらには固定資産の内訳についても回転期間で示しています。

図表Ⅳ- ㉖　**自動車会社の効率性分析（2015年度単独）**

(単位：10億円)

	計算式	トヨタ自動車	日産自動車	ホンダ	マツダ	富士重工	三菱自動車	スズキ	ダイハツ
総資産	①	16,100	4,962	2,828	1,951	1,824	939	1,520	724
流動資産	②	6,914	2,384	1,234	1,064	1,267	515	669	435
手許資金	③	3,465	238	348	449	716	165	316	172
現金及び預金		1,132	238	90	308	363	165	316	4
有価証券		2,333	0	259	141	353	0	-	0
預け金		0	0	0	0	0	0	0	168
売上債権	④	1,017	514	475	261	225	199	137	166
受取手形		0	0	0	0	0	0	2	0
売掛金		1,017	514	475	261	225	199	136	162
電子記録債権		0	0	0	0	0	0	0	4
たな卸資産	⑤	369	176	152	152	100	59	63	15
商品及び製品		177	68	83	63	39	29	35	4
仕掛品		85	27	37	85	45	15	19	10
原材料及び貯蔵品		107	80	32	5	16	14	9	1
その他		2,062	1,456	258	201	226	93	153	82
固定資産	⑥	9,187	2,578	1,595	887	557	423	850	289
有形固定資産	⑦	1,263	598	852	597	257	181	239	155
無形固定資産	⑧	0	64	78	21	16	13	0	0
投資その他の資産	⑨	7,924	1,917	665	269	284	229	611	133
投資有価証券		5,689	148	99	7	29	21	165	40
関係会社株式・出資金		1,992	1,558	482	229	147	189	388	67
その他		242	210	84	33	108	19	59	26
売上高	⑩	11,586	3,493	3,304	2,607	2,083	1,806	1,609	1,025
月商（⑩÷12ヶ月）	⑪	965	291	275	217	174	151	134	85

	計算式	トヨタ自動車	日産自動車	ホンダ	マツダ	富士重工	三菱自動車	スズキ	ダイハツ
総資産回転率	⑩÷①	0.72	0.70	1.17	1.34	1.14	1.92	1.06	1.42
流動資産回転率	⑩÷②	1.68	1.47	2.68	2.45	1.64	3.50	2.40	2.36
手許資金回転期間	③÷⑪	3.59	0.82	1.27	2.07	4.12	1.10	2.36	2.01
売上債権回転期間	④÷⑪	1.05	1.77	1.73	1.20	1.29	1.32	1.02	1.94
たな卸資産回転期間	⑤÷⑪	0.38	0.60	0.55	0.70	0.58	0.39	0.47	0.18
固定資産回転率	⑩÷⑥	1.26	1.36	2.07	2.94	3.74	4.27	1.89	3.55
有形固定資産回転期間	⑦÷⑪	1.31	2.05	3.10	2.75	1.48	1.21	1.78	1.82
無形固定資産回転期間	⑧÷⑪	0.00	0.22	0.28	0.10	0.09	0.09	0.00	0.00
投資その他資産回転期間	⑨÷⑪	8.21	6.58	2.42	1.24	1.63	1.52	4.56	1.56

各社の2015年度有価証券報告書より作成

（1） 三菱自動車の総資産回転率はなぜ高いのか

三菱自動車の総資産回転率は1.92回転と高く、ROAを高めていると述べましたが、まずはその原因を図表Ⅳ-㉖により分析してみましょう。

①三菱自動車の流動資産回転率、固定資産回転率はともに高水準

　三菱自動車の流動資産回転率は3.50回転、固定資産回転率も4.27回転と、いずれもが8社中最も高い水準を示しており、流動資産回転率、固定資産回転率とも高水準であることが三菱自動車の総資産回転率が高い原因といえます。

②なぜ流動資産回転率は高いのか

　回転期間は短いほど高効率であることに留意する必要があります。三菱自動車は手許資金、売上債権、たな卸資産のいずれも回転期間が比較的短いことが、流動資産回転率が高い原因といえます。特に、ずばぬけて高効率で運用されている資産があるわけではないようです。

③なぜ固定資産回転率は高いのか

　さらに、固定資産回転率が高い原因を分析できるよう、図表Ⅳ-㉖では有形固定資産、無形固定資産、投資その他資産の回転期間を示しています。そこから三菱自動車の固定資産回転率の高い原因は「有形固定資産」と「投資その他資産」の回転期間がともに短いことにあることがわかります。

　三菱自動車は全般に資産の回転が良いですが、特に「有形固定資産」と「投資その他資産」の回転が良いことが、総資産回転率が高い原因といえそうです。

（2）トヨタ自動車、日産自動車の総資産回転率はなぜ低いのか

　一方、トヨタ自動車、日産自動車は三菱自動車とは対照的に、ROAは高水準ですが、総資産回転率はトヨタ自動車（0.72回転）、日産自動車（0.70回転）とも低水準です。なぜ両社の総資産回転率は低いのか、同様に図表Ⅳ-㉖で確認してみましょう。

①トヨタ自動車の総資産回転率が低い原因は余剰資金にある

　トヨタ自動車と日産自動車を比較すると、トヨタ自動車の回転期間が日産自動車より長いのは、「手許資金」と「投資その他資産」です。

　「投資その他資産」では、余剰資金を長期運用の目的で有価証券に投資した場合の勘定科目である「投資有価証券」が約5.7兆円を占めています。手許資金3.5兆円と合算すると9兆円を超える金額が余剰資金といえます。トヨタ自

動車の総資産16.1兆円のうち、6割近くは余剰資金で、これがトヨタ自動車の総資産回転率が低い原因となっています。

②日産自動車の総資産回転率の低い原因は関係会社株式・出資金にある

一方、日産自動車はトヨタ自動車同様に、投資その他資産の回転期間が長いことが、総資産回転率を低下させる原因となっています。ただし、その内訳をみるとトヨタ自動車と異なり「投資有価証券」は1,480億円と少なく、逆に「関係会社株式・出資金」が1.6兆円と大きいため総資産回転率を低下させる原因となっています。

（3）たな卸資産の回転期間はダイハツが圧倒的に短い

効率性の分析で注目したいのがたな卸資産（在庫）回転期間です。

在庫削減への取組みとしてはトヨタ自動車のJIT（ジャストインタイム生産方法式）が有名です。在庫の少なさは、ものの作り方そのものの水準の高さを示します。

トヨタ自動車のたな卸資産（在庫）回転期間は0.38ヶ月と短いのですが、これを上回るのがトヨタ自動車の子会社のダイハツです。なんと0.18ヶ月とトヨタ自動車の半分の水準です。圧倒的に低く、在庫削減が進んでいることを示しています。

（4）有形固定資産の回転期間は工場稼働率を示す

固定資産では有形固定資産の回転期間にも注目してください。

有形固定資産の回転期間が長いことは、工場の稼働率が低いことを示します。長いのはホンダ（3.10ヶ月）とマツダ（2.75ヶ月）で短いのはトヨタ自動車（1.31ヶ月）、三菱自動車（1.21ヶ月）です。

ホンダは単独ベースでは、売上が低下傾向にあります。このため工場稼働率が低下し、固定資産回転期間が長い原因となっています。一方、マツダは売上が拡大傾向にあり積極的な設備投資が固定資産回転期間を長期化させる原因と考えられます。

なお、設備投資しなければ有形固定資産の金額は毎年減少します。投資が行われていないため有形固定資産の回転期間が短くなる場合もあることに留意してください。

▶ 3-5. 分析結果の要約
(1) 分析ロジックと目的の確認

これまで述べたROA分析の全体像は**図表Ⅳ-㉗**のとおりです。最低限の指標を示していますが、必要に応じて、さらに細かく分析することになります。

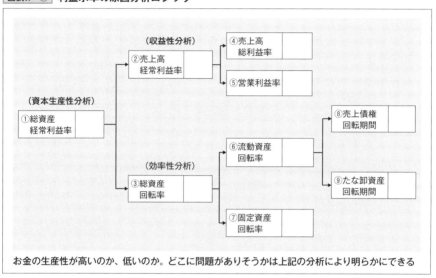

図表Ⅳ-㉗ 利益水準の原因分析ロジック

お金の生産性が高いのか、低いのか。どこに問題がありそうかは上記の分析により明らかにできる

繰り返しになりますが、ROAは必ず「売上高経常利益率」と「総資産回転率」の2つの指標を一対として分析します。一対として分析することにより、自社の問題点は収益性を示す「売上高経常利益率」にあるのか、お金の回転スピードを示す「総資産回転率」にあるのかを明確にできます。

そのうえでさらに収益性と効率性の内容を分析し、ROAが高い(低い)原因がどこにあるかを特定するのがポイントとなります。

(2) ROA原因分析の他社比較

では、自動車業界の各社について、ROAの原因分析の結果を要約します。**図表Ⅳ-㉘**に主要な財務指標を示しています。これを見ながら、分析結果をまとめてみましょう。

図表Ⅳ-㉘ 自動車業界の財務指標分析（2015年度単独）

経営指標			計算式	トヨタ自動車	日産自動車	ホンダ	マツダ	富士重工	三菱自動車	スズキ	ダイハツ
ROA			⑧÷⑨	14.2%	7.8%	2.2%	7.6%	24.0%	10.9%	5.0%	3.8%
	売上		①÷①	100.0%	100.0%	100.0%	100.0%	100.0%	100.0%	100.0%	100.0%
	売上原価率		②÷①	76.3%	85.5%	66.5%	82.8%	70.4%	86.6%	75.7%	86.9%
	売上高総利益率		③÷①	23.7%	14.5%	33.5%	17.2%	29.6%	13.4%	24.3%	13.1%
	販管費比率		④÷①	11.6%	9.3%	39.3%	12.0%	9.7%	10.0%	21.1%	12.5%
	売上高営業利益率		⑤÷①	12.1%	5.3%	▲5.8%	5.2%	19.9%	3.4%	3.2%	0.6%
	営業外損益率		(⑥−⑦)÷①	7.6%	5.9%	7.6%	0.5%	1.1%	2.3%	1.5%	2.1%
	売上高経常利益率		⑧÷①	19.7%	11.1%	1.8%	5.7%	21.1%	5.7%	4.7%	2.7%
	総資産回転率		①÷⑨	0.72	0.70	1.17	1.34	1.14	1.92	1.06	1.42
		流動資産回転率	①÷⑩	1.68	1.47	2.68	2.45	1.64	3.50	2.40	2.36
		売上債権回転期間	⑫÷(①÷12ケ月)	1.05	1.77	1.73	1.20	1.29	1.32	1.02	1.94
		たな卸資産回転期間	⑬÷(①÷12ケ月)	0.38	0.60	0.55	0.70	0.58	0.39	0.47	0.18
	固定資産回転率		①÷⑭	1.26	1.36	2.07	2.94	3.74	4.27	1.89	3.55

※計算式①〜⑪は図表Ⅳ-㉖に対応　　　　　　各社の2015年度有価証券報告書より作成

①売上高経常利益率が19.7％高いトヨタ自動車

トヨタ自動車の2015年度のROAは14.2％と高水準です。

その原因は19.7％ときわめて高い売上高経常利益率にあります。12.1％と高い売上高営業利益率と巨額の余剰資金を活用した＋7.6％もの高い営業外損益率が、売上高経常利益率を押し上げています。

一方で、高い営業外損益率を生み出している余剰資金は、総資産回転率を0.72回転と低くする原因となっています。

②営業外で稼ぐ日産自動車

日産自動車の2015年度のROAは7.8％とやや高く、その原因は11.1％と高い売上高経常利益率にあります。売上高総利益率は14.5％と低く、営業外損益率が＋5.9％あることが売上高経常利益率を押し上げています。本業の利益である売上高営業利益率アップが課題です。

③売上拡大が課題のホンダ

ホンダのROAは2.2％と8社の中で最低水準です。

その原因は売上高営業利益率が▲5.8％と8社中唯一のマイナスになっていることにあります。売上高総利益率は33.5％と圧倒的に高いのですが、39.3％と

高い販管費比率が売上高営業利益率マイナスの原因です。多額の研究開発費と品質保証問題による製品保証の費用が生じたことが営業利益赤字の原因です。

総資産回転率は1.17回転で自動車業界では平均的ですが、有形固定資産回転期間が3.10ヶ月と最も長くなっています。販管費や固定資産の減価償却費の削減ではなく、まずはその有効活用に向けた売上拡大が課題と考えます。

④ **業績が回復傾向にあるマツダ**

不振が続いていたマツダですが、2013年度以降売上げが拡大し、2015年度の売上高営業利益率、売上高経常利益率はともに5％を越える水準まで回復しています。

総資産回転率も1.34回転と高いのですが、有形固定資産回転期間が2.75ヶ月とやや長いのが気になります。現行設備でも更なる売上拡大に対応できる余力があるようにも思われます。

⑤ **富士重工の高業績の原因は19.9％と高い売上高営業利益率にある**

富士重工のROAは24.0％と極めて高く、その原因は19.9％と大変高い売上高営業利益率にあります。高い売上高総利益率（29.6％）と、低い販管費比率（9.7％）が売上高営業利益率を高水準にしています。

⑥ **回転率の高さがROA高水準の原因となっている三菱自動車**

三菱自動車のROAは10.9％と高水準です。

売上高経常利益率は5.7％、総資産回転率1.92回転といずれも高いといえます。特に総資産回転率の高さが目立ちますが、その原因は有形固定資産回転期間が短いことにあります。設備が極めて効率的に使われていることを示しています。

⑦ **ROAは平均的水準だが、販管費比率が高いという特徴を持つスズキ**

スズキの2015年度のROAは5.0％と平均的な水準です。

売上高経常利益率4.7％、総資産回転率1.06回転と共に平均的水準です。

売上高総利益率は24.3％と平均的ですが、販管費率が21.1％と高く、営業利益率は3.2％と低水準になっています。しかし、営業外損益率がプラス1.5％あ

ることが売上高経常利益率を平均水準に押し上げています。

⑧ものづくりの改善で高い総資産回転率を示すダイハツ

　ダイハツの2015年度のROAは3.8％と自動車業界ではホンダに次ぐ低水準です。売上高経常利益率が2.7％と低水準であることがその原因です。売上高経常利益率が低い原因は、売上高総利益率が13.1％と8社の中で最も低いことにあります。

　一方、総資産回転率が1.42回転と高水準となっています。その原因は、3.55回転と高い固定資産回転率にあります。たな卸資産の回転期間は0.18ヶ月とトヨタ自動車の半分の水準ですが、ダイハツのものづくり改善力の高さを示しています。

　自動車業界の事例を基に説明してきましたが、ROAの原因分析ロジックは理解いただけたでしょうか。

4章-3

定石3：借入余力分析

1　借金の水準はストックとフローの両面から診る

　財政状態については、既に自己資本比率の重要性を説明しましたが、借金の返済能力を把握することも重要です。

　その代表的な指標として、債務償還年数とD／Eレシオがあります。

▶ 1-1．D／Eレシオ

「D／Eレシオ」は借入余力をストックで診る指標です。

　D／EレシオのDはDebt（負債）、EはEquity（株主持分）のイニシャルを指します。ギアリング比率やレバレッジ比率とも呼ばれます。

図表Ⅳ-㉙　分析指標12：D／Eレシオ

【内容】
・借入余力をストック視点から診る指標
・有利子負債を、その担保と言える純資産と比較することにより借入余力を診る
・D（Debt：負債）
・E（Equity：株主持分）

【算式】	【単位】
有利子負債÷純資産	倍

【おおよその判断基準】

評価	数値
良い	0.5倍未満
平均的	0.5倍～1.0倍
悪い	1.0倍以上

B／S

流動資産	有利子負債
	その他負債
固定資産	純資産

（1）D／Eレシオ＝有利子負債÷純資産

D／Eレシオ＝有利子負債÷純資産で計算されます。

実数で倍数を示す場合と％表示する場合があり、統一されていません。

D／Eレシオは、低いほど資金調達において有利子負債への依存度が小さいことを示します。

純資産が有利子負債を返済する担保となるため、1倍が判断基準です。純資産と有利子負債の差額が理論上の借入れ余力を示すことになります。

（2）ネットD／Eレシオ

有利子負債から流動資産に計上された現預金や有価証券を控除し、実質的な有利子負債額を算定した上で、純資産を比較した指標をネットD／Eレシオと呼びます。借金の水準を知る指標としては、より厳密な指標といえます。

図表Ⅳ-㉚では、自己資本比率の低いソフトバンクの要約B／SとネットD／Eレシオを算定しています。ネットD／Eレシオは2.7倍と1倍を大きく超え、一般的な基準からは借入余力が少ないことを示しています。

図表Ⅳ-㉚　ソフトバンクのネットD／Eレシオ

【連結財政状態計算書】　2016年3月31日　単位：10億円

（資産の部）		（負債及び資本の部）	
流動資産合計	5,550	有利子負債	11,922
手許資金	2,570	有利子負債（流動負債）	2,647
現金及び現金同等物	2,570	有利子負債（固定負債）	9,276
有価証券等	0	営業債務及びその他の債務	1,621
営業債権及びその他の債権	1,915	その他の負債	3,658
たな卸資産	359	繰延税金負債	2,083
その他の金融負債	48	その他の負債	1,575
その他の流動資産	554	負債合計	17,202
非流動資産合計	15,157	払込資本	
有形固定資産	4,184	資本金	239
のれん	1,610	資本剰余金	261
無形資産	6,439	内部留保	
投資その他の資産	2,924	利益剰余金	2,167
持分法で会計処理されている投資	1,588	自己株式	▲315
その他の金融資産	971	その他の包括利益累計額	262
繰延税金資産	173	非支配持分	892
その他の非流動資産	192	資本合計	3,505
資産合計	20,707	負債及び資本合計	20,707

ソフトバンクの2015年度有価証券報告書より作成

（ 有利子負債 11,922 － 手許資金 2,570 ）÷ 純資産 3,505 ＝ ネットD／Eレシオ 2.7倍

4章　債権者（銀行）視点からの財務分析 ～財務諸表分析の3つの定石～

▶ 1-2. 債務の償還年数は10年未満か

（1）債務償還年数とは

一方、フローで診るのが「債務の償還年数」です。「債務」ではなく「有利子負債」の償還年数と呼んだ方が、誤解はないかもしれません。営業CFを全額、借金の返済に充てたとしてその完済までに何年かかるかを示す指標です。

D／Eレシオが純資産を担保とした指標であるのに対し、将来の営業CFを担保にした指標という点が特徴です。

図表Ⅳ-㉛ 分析指標13：債務償還年数

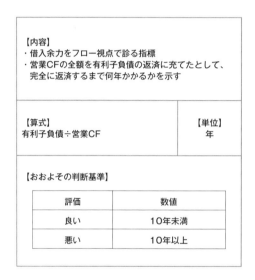
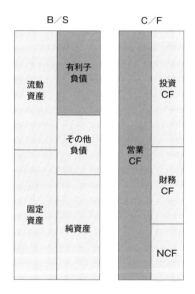

計算式は「債務の償還予定年数＝有利子負債÷営業CF」となります。債務償還年数は、当然、短ければ短いほど良い指標といえます。銀行融資の審査では、重要視される指標です。

債務の償還予定年数の全企業平均は、10年以内が目安です。将来CFによる借入返済能力を診る指標ですが、分母の営業CFの測定対象期間により評価が変わることがあります。営業CFの獲得能力を評価するという観点から、測定対象期間を定める必要があります。

(2) ソフトバンクの債務償還年数

　ソフトバンクの有利子負債は11兆9,220億円、この３年間の営業CFは平均すると9,850億円です。債務の償還年数は12年と10年を超えます。ネット有利子負債9兆3,520億円を使った債務の償還年数は9.5年で、10年以内となります。

　2016年７月にソフトバンクグループは、3.3兆円で英国の半導体設計会社ARM（アーム）ホールディングスを買収すると発表しました。資金調達は有利子負債と手許資金で賄うようですが、ネット有利子負債は３兆円増加します。このため、ネット有利子負債ベースでの債務の償還年数も10年を超えることが予測されます。

　ソフトバンクは独自の指標を設け財務戦略を組み立てているようですが、どのように有利子負債の適正水準を考えているかは、財務戦略を考えるうえでも、また投資家がその投資リスクを推定するうえでも重要な情報といえます。

2 スコアリングシートによる格付け

▶ 2-1. あなたの会社はスコアリングシートで評価されている

　会社は莫大なお金を投じて財務諸表を作成しています。しかし、この財務諸表を有効に活用し経営に役立てている会社は意外に少ないものです。

　財務諸表を最も重視し、有効に活用しているのは銀行ではないでしょうか。

　銀行からお金を借りるには決算書の提出が不可欠です。また、お金を借りている間は定期的な決算書の提出が義務付けられます。銀行は、集めた決算書をコンピュータに入力し、企業の格付けを行います。格付けにより、お金を貸すか貸さないか、金利をどのレベルに設定するかが決められます。

　格付けはスコアリングシートにより行われます。そのイメージは**図表Ⅳ-㉜**のとおりです。

図表Ⅳ-㉜　スコアリングシートのイメージ

項目		算式	点数
生産性（収益性）項目			
	総資産経常利益率	経常利益／総資産	
	売上高経常利益率	経常利益／売上	
	収益フロー	何期連続黒字か	
健全性（安全性）項目			
	自己資本比率	純資産／総資本	
	D／Eレシオ	有利子負債／純資産	
成長性項目			
	経常利益増加率	当期経常利益／前期経常利益	
	売上高増加率	当期売上／前期売上	
	自己資本額	純資産額	
債務償還能力			
	債務償還年数	有利子負債／営業キャッシュフロー	
	インタレストカバレッジレシオ	（営業利益＋受取利息配当金）／（支払利息・手形割引料）	
	営業キャッシュフロー	当期純利益＋減価償却費	

スコアリング	格付	債務者区分
90以上	1	正常先
80以上	2	
65以上	3	
50以上	4	
40以上	5	
25以上	6	
25未満	7	要注意先
	8	
	9	要管理先
	10	破綻懸念先
	11	実質破綻先
	12	破綻先

財務諸表を入力すると下記の指標が評価され、スコアリングがなされて格付け・債務者区分が決まる。

（1）格付けを上げれば金利は下がる

　銀行による格付けは、このスコアリングシートによる定量評価と市場、競合、経営者の資質等による定性評価により決まります。しかし、実態としてはこのスコアリングシートによる定量評価でほぼ70％〜90％が決まると言われ

ています。

　図表Ⅳ-㉜はあくまでもイメージですが、融資先を10〜12段階に分けて信用格付けしています。その格付けにより債務者区分が決まります。

　債務者区分は正常先、要注意先、要管理先、破綻懸念先、実質破綻先、破綻先の6つです。ちなみに要管理先以下が不良債権です。

　要管理先になると、銀行は貸金の金利を大幅に上回る貸倒引当金の設定が求められ、採算が合わなくなります。このため、要管理先に区分されると、新規融資はしてもらえなくなると考えてよいでしょう。

（2）銀行の評価視点を学べ

　銀行のスコアリングシートから学ぶべきは、財務諸表を評価する視点です。

　ここでは生産性、健全性、成長性という3つの視点とその代表指標としてROA、自己資本比率、売上高成長率を紹介してきました。生産性は収益性、健全性は安全性と呼ばれたりもしますが、3つの視点で評価しているのは同じです。

　総資産回転率は含まれていませんが、売上高経常利益率は含まれています。また銀行ですから借入余力を知ることが重要なので、債務償還能力をみています。

　スコアリングシートでは視点ごとの指標は幅広く、バランスを考慮して様々な指標で評価しています。しかし、重視すべき視点や指標は既に述べたことと基本的に変わりがないことは理解いただけたのではないでしょうか。

要 約（4章）

1．債権者視点からの財務分析には以下３つの定石がある。
　①生産性、健全性、成長性の３視点から経営課題を知る
　　分析する視点を明らかにしたうえで、その代表指標を頭に入れておくことが重要である。
　　・経営成績は生産性を分析する。その代表指標がROA。
　　・財政状態の健全性は自己資本比率で把握する。
　　・経営成績としては成長性も重要であり、その代表指標が売上高成長率である。
　②生産性が高い（低い）原因を知る
　　・お金儲けの原則は２つあり、以下の式がその原則を示している。
　　　　ROA＝総資産回転率×売上高経常利益率
　　　　　　　（効率性）　　　　（収益性）
　　・効率性、収益性を分析することによりROAが高い（低い）原因を明らかにすることが重要である。
　③借り入れ余力を知る
　　・D／Eレシオはストックから借り入れ余力をみる指標
　　・債務の償還年数はフローから借り入れ余力をみる指標

2．財務諸表は上記の分析がしやすいように表示ルールを作成している。
　①P／Lは段階的利益表示
　　・P／Lは最終利益の当期純利益だけでなく段階的に売上総利益、営業利益、経常利益、税引前当期純利益を表示する。
　②B／Sは流動性配列法
　　・流動資産と固定資産、流動負債と固定負債に区分し、通常は流動資産、流動負債を先に表示する。
　③C／Fは営業CF、投資CF、財務CFに区分される
　　・間接法で作成されることが多い。

5章
投資家視点からの企業価値分析

この章で伝えたいこと

　ここでは投資家の企業価値分析手法をファイナンスの視点から紹介します。会社の持続的な成長と中長期的な企業価値の向上が企業に求められています。企業価値とは、具体的には株式時価総額を指します。
　現実と理論が一致するわけではありませんが、ファイナンス理論から投資家が会社をどのように評価しているか、企業価値の分析手法を紹介します。

図表V-① 投資家視点から株価を分析する

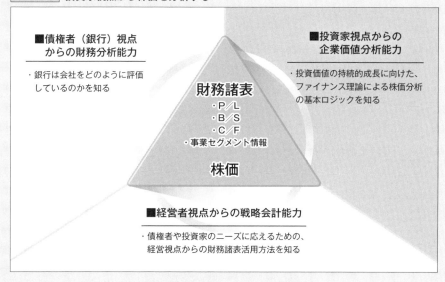

　ポイントは株価分析のための方程式であるPBR＝ROE×PERという極めてシンプルな式にあります。
①PBR，PER，ROEの意味
②投資家による会社評価を株価分析手法により把握する
③PBR＝ROE×PERは何を意味するのかを理解する

5章-1

企業価値分析のための3つの指標

1 PER・PBR・ROEが株価評価の代表指標

まずは企業価値（株価）を分析するための3つの指標を紹介します。

▶ 1-1. PER＝株価÷1株当たり利益

株はご存知のように代表的な投資の一つです。その株価は需要と供給で決まります。ところで、売りたい人と買いたい人は、何を判断基準に売ったり買ったりするのでしょうか。株価の妥当性を判断する指標はないのでしょうか。

株価の妥当性を判断する代表的な指標がPER（ピー・イー・アール　Price Earnings Ratio）です。1株あたり利益100円の会社の株価が2,000円であれば、PERは20倍です。PERの概要は図表Ⅴ-②のとおりですが、株式時価総額を当期純利益で除しても算定できます。

図表Ⅴ-② 分析指標14：PER（株価収益率）

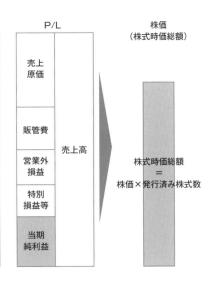

【内容】PER：Price Earnings Ratio
・「株価収益率」と訳される、現在最も一般的な投資尺度とされる
・『ピー・イー・アール』と読む（『パー』ではない）
・株価の妥当性を測定するための指標
・どのくらいの株価収益率が適当かについての明確な基準はない

【算式】
PER＝株価÷1株当り当期純利益
（非支配株主持分控除後）

【単位】
倍

【おおよその判断基準】

評価	数値
高い（良い）	20倍以上
平均的	10倍～20倍
低い（悪い）	10倍未満

（1） 日本企業のPER推移

図表Ⅴ-③は東証１部上場会社のPER推移です。2,000社近い東証１部上場会社の単純平均株価と単純平均当期純利益（非支配株主持分控除後）から算定しています。2011年３月以降はおよそ20倍前後で推移しています。

図表Ⅴ-③　東証一部上場会社のPER推移（単純平均）

日本取引所グループ　公表資料より作成

図表Ⅴ-③には空白部分がありますね。これは東証１部上場会社の当期純利益を単純平均すると、赤字だということを示しています。PERは赤字だと算定できません。また、当期純利益が少額の場合には異常値になります。したがって、これらに該当する年度は図から除外しています。

PERは上記のような特徴を持っており、取り扱いに注意が必要です。PERは株価と一株当たり当期純利益の比較数値のため異常値が出やすいのです。PERは高いほうが株価水準は高いと判断されますが、業績が極めて悪いと分母が異常値となりPERは高くなります。

対象データは異なりますが、2015年12月の日本企業のPERは16.1倍、米国は18.1倍、世界平均は16.4倍というデータもあります。日本企業の最近のPERはグローバル水準レベルのようです。

上記から、PER10倍から20倍を平均水準と設定しています。一般には、株価収益率は14倍から20倍のあいだが適正、20倍が割高か割安の分岐点と言われています。

▶ 1-2. 株価のもう一つの代表指標がPBR

PERが株価と当期純利益の比較であるのに対し、PBR（ピー・ビー・アール　Price Book-Value Ratio）は株価と純資産の比較指標です。

純資産は株主の持ち分であり、会社からみれば株主から実質的に運用を任されている金額を示しています。PBRは株価が出資額の何倍で評価されているかを示します。株価1,500円に対し1株当たり純資産額が1,000円であれば、1.5倍となります。株式時価総額と純資産額との比較でも算定できます。

図表V-④　分析指標15：PBR（株価純資産倍率）

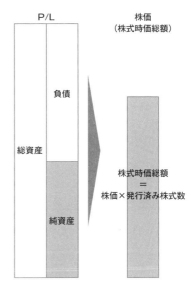

PBRは、PBRが1以下の割安株を見つけるのに有効との説明がよく見られます。PBRが1以下ということは、（1株当たり）純資産の額が株価を上回っていることを示し、株価が清算価値より低いというのがその理由です。

株価が清算価値より低いのですから、会社の株をすべて入手し、その後に清算すれば儲かることになります。株主からすれば清算か否かの分かれ目がPBR1ということになります。上記の説明の妥当性は横に置くとして、PBRの判断基準としては1がミニマム基準になるということは間違いありません。

(1) 日本企業のPBR推移

　図表Ⅴ-⑤は東証１部上場会社の単純平均によるPBRの月別推移を示しています。PBRはリーマンショックが発生した2008年９月に大きく落ち込み、以降には１を下回っています。2008年以降、2013年ごろまで東証一部上場企業のPBRの単純平均は１倍未満となっています。かなりショッキングな数値です。

　その後は1.2倍程度まで回復していますが、米国は2.8倍、世界平均では2.1倍という数値も出ており、日本企業のPBRは明らかに低いようです。

図表Ⅴ-⑤　東証１部上場会社のPBR推移（単純平均）

日本取引所グループ　公表資料より作成

　PERとの違いは、赤字であっても測定可能であり、異常値が出にくいという点にあります。特に、経営視点でライバルを比較する時には、PBRに注目することが重要です。

　私は自社の株価水準の評価指標としては、異常値が出やすいPERよりもPBRが優れていると考えます。

▶ 1-3. ROEは株主視点の財務指標

ROAとともに新聞でよく見かける指標がROE（アール・オー・イー Return On Equity）です。自己資本利益率とも呼ばれています。ROA同様、お金の生産性指標です。

株主の立場からは、株主の持分である純資産が、どれだけの利益を獲得したかが重要です。このため、インプットを総資産ではなく株主の持ち分である純資産、アウトプットを経常利益ではなく当期純利益（非支配株主持分控除後）で計算します。

図表V-⑥　分析指標16：自己資本利益率（ROE）

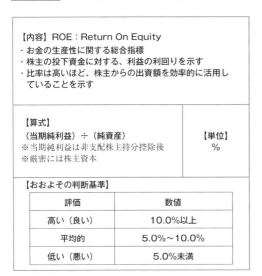
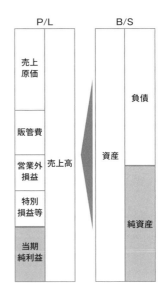

なお、厳密には純資産ではなく、株主資本（純資産－少数株主持分－新株予約権）で計算します。しかし、厳密に計算してもあまり大差なく、面倒で覚えにくくなるだけなので、本書ではわかりやすく上記の式で統一します。

少数株主持分や新株予約権は、純資産と負債の両方の性格を持ち、位置づけが不明確でした。国際会計基準に従い、これらの科目は純資産に記載するルールとなりました。そのため、これまでとの継続性を保つため、株主資本で計算するように変更されました。

（1）ROEの平均値は5％～10％

　法人企業統計よりROEの推移を示すと**図表Ⅴ-⑦**のとおりです。高度成長期以降は、失われた10年（1991～2001年）とリーマンショック（2008年）の時期を除き、ほぼ5％～10％で推移しているのがわかります。ROEの平均値を5％～10％としていますが、最近の実績からは5％前後が日本企業の平均値といえます。

図表Ⅴ-⑦　ROE推移表（全産業除く金融業）

　ROEはアウトプットを経常利益ではなく当期純利益としているため、臨時偶発的な損益である特別損益が含まれます。また分母を純資産とするため、ROAと比較すると変動幅は大きくなります。

（2）ROE5％未満の経営トップは失格

　世界最大の議決権行使助言会社である米インスティテューショナル・シェアホルダー・サービシーズ（ISS）が2015年の議決権行使の助言方針を発表しました。過去5年間の自己資本利益率（ROE）の平均値が5％を下回る企業について、株主に経営トップの取締役選任議案に反対するよう勧告しました。

　ISSは多数の機関投資家を顧客とする大手の議決権行使助言会社で、機関投資家の議決権行使に大きな影響力を持っています。ROE5％はミニマム基準といえそうです。

▶ 1-4. ROEの最低ラインは伊藤レポートでは8％

2014年に経済産業省から『持続的成長への競争力とインセンティブ～企業と投資家の望ましい関係構築～』プロジェクトの最終報告書が発表されました。いわゆる「伊藤レポート」です。伊藤レポートでは、日本企業のROEの低さが指摘され、その原因分析として**図表Ⅴ-⑧**の数値が示されています。

図表Ⅴ-⑧ 日米欧の資本生産性分析　伊藤レポートより転載

参考 (筆者追加記載)		ROE 当期純利益 株主資本	利益率 当期純利益 売上高	回転率 売上高 総資産	レバレッジ 総資産 株主資本
		=	×	×	
日本	製造業	4.6%	3.7%	0.92	2.32
	非製造業	6.3%	4.0%	1.01	2.80
	合計	5.3%	3.8%	0.96	2.51
米国	製造業	28.9%	11.6%	0.86	2.47
	非製造業	17.6%	9.7%	1.03	2.88
	合計	22.6%	10.5%	0.96	2.69
欧州	製造業	15.2%	9.2%	0.80	2.58
	非製造業	14.8%	8.6%	0.93	3.08
	合計	15.0%	8.9%	0.87	2.86

注1) 2012年暦年の本決算実績ベース、金融・不動産除く
注2) 対象＝TOPIX500、S&P500 Bloomberg European 500 Index対象の企業のうち、必要なデータを取得できた企業
出所：みさき投資株式会社分析（メリルリンチ神山氏の初期分析を基に、Bloombergデータを分析加工）

（1）日本企業のROEは、なぜ低いのか

日本企業のROEが低い要因として、持続的成長企業の競争力の源泉となる差別化やポジショニング、事業ポートフォリオの最適化、イノベーションやリスク・変化対応が十分でない等の理由が挙げられています。

そのうえで中長期的にROE向上を目指す「日本型ROE経営」が必要であり、8％を上回るROEを最低ラインとして、より高い水準を目指すべきとの指摘がなされました。

なお、図表Ⅴ-⑧でROEを利益率、回転率、（財務）レバレッジの3つに分解すると、回転率やレバレッジには大きな差はないものの、日本企業は利益率が低いのが問題と指摘されています。

（2） なぜROE 8 ％が最低ラインなのか

なぜ伊藤レポートではROE 8 ％を最低ラインとしたのでしょうか。

伊藤レポートを読むと随所に資本コストという言葉が出てきます。ROE 8 ％の根拠もこの資本コストにあります。「企業価値を生み出すための大原則は、中期的に資本コストを上回るROEを上げ続けることである」との記述があります。

さらに「ROEが8 ％を超える水準で約9 割のグローバル投資家が想定する資本コストを上回ることになる」と記載されています。伊藤レポートでは資本コストが、ROEの最低ラインを設定する根拠になっているのです。

（3） なぜレバレッジは高いほど良いのか

ところで図表V-⑧のROEに関する分解式は、どこかで見た覚えがありませんか。

①ROE＝ROA（当期純利益ベース）×レバレッジ

利益率×回転率は、当期純利益ベースのROAであることは、すぐに推察できると思います。グローバルには経常利益が認められていないため、グローバルベースでの比較では、ROAは当期純利益での算定になります。

②レバレッジは自己資本比率の逆数

レバレッジが自己資本比率の逆数であることに気づいていただけたでしょうか。①で示したように、ROE＝ROA（当期純利益ベース）×レバレッジです。ROEを高めるには、レバレッジは高いほど良いということを示しています。

債権者視点からは自己資本比率が高いほど良いという話しでしたが、投資家視点からは自己資本比率が高いこと、すなわちレバレッジが低いことはマイナス評価となるのです。投資家と債権者では評価が異なります。

銀行の立場からは、自己資本比率が高い会社は、お金を貸し付けても間違いがない安心な会社です。しかし株主からは、自己資本比率が高いことは、会社の資金調達コストが高いことを意味します。

③安い負債コスト

　なぜなら有利子負債は元本の返済が約束され、確定した利息が支払われます。一方、株主は株券が紙くずになるリスクを負い、配当も確約されているわけではありません。

　株主は債権者（金融機関等）よりも多くのリスクを負うため、多くのリターンを要求します。つまり会社サイドから見れば、資金調達コストは高いということになります。自己資本比率が高ければ高いほど良いというのは債権者（銀行）視点から言えることです。株主視点からは高い自己資本比率、すなわち低いレバレッジは高い資金調達コストを払っていることを意味します。このためレバレッジが高いことは、自己資本を有効に活用し、有利子負債による安い資金調達をしている証しとなるのです。

　資本コストは投資家視点から株価や財務諸表を分析する上で重要な概念となるため、そのポイントを紹介します。

2 資本コストを上回るROEを上げ続ける

　資本コストを上回るROEを上げ続けることが企業価値を生み出すための大原則です。ここでの資本コストは具体的には「株主資本コスト」を指しています。
　取締役・経営幹部としてぜひ理解して欲しいのが、この株主資本コストの概念です。

▶ 2-1. 株主資本にもコストがかかる!?

（1）出資に関わるコストが株主資本コスト
　企業の資金調達には株主からの出資と有利子負債があります。資金調達にはコストがかかります。有利子負債の支払利息を負債コストと呼びます。一方、出資による資金調達コストを株主資本コストと呼びます。
　負債コストはわかりやすいのですが、出資にもコストがかかるという理屈はピンとこない人が多いのではないでしょうか。なぜなら、出資に関わるコスト、すなわち株主資本コストはP／Lに費用としては記載されておらず、また算定方式も確立されていないからです。
　しかし、株主資本にもコストがかかるというのは、言われてみれば当たり前の話です。企業サイドからはコストですが、株主サイドから言えばリターンです。リターンを求めずに株主になる人などいるはずがありません。

（2）株主資本コストは意識しにくい
　株主がリターンを得る方法は株価上昇によるキャピタルゲインと配当です。ただし、この2つはいずれもP／Lに記載されることはありません。配当がP／Lではなく、「株主資本等変動計算書」に記載されるだけです。
　資本にもコストがかかるということがわかれば、知りたいのは我が社の資本コストです。ところが、やっかいなことに資本コストの算定方法は確立していません。ただし、実証的かつ簡便に自社の資本コストを推定する方法はあります。
　「株式益回りアプローチ」です。理屈的にはシンプルで、実務にも活用可能なため、そのポイントを紹介します。

▶ 2-2. 株式益回りが株主資本コストを示す

　PERの逆数は株式益回りと呼ばれています。例えばPER20倍であれば株式益回りは5％、PER10倍であれば10％となります。
　この10％を株主資本コストと見なすのが、株式益回りアプローチの基本的な考え方です。株式益回りアプローチを理解するには、ちょっと遠回りですが、ファイナンスの基本的な考え方を理解しておく必要があります。

（1）ファイナンスの基本原則
①投資価値は将来CFを現在価値に割り引いて算定する
　英国が永久債の発行を検討しているとの新聞記事がありました。皆さんは永久債というのをご存知でしょうか。
　英国が存続する限り、永久に利子が支払われるという債権がこれにあたります。英国では、過去に2度、最近では第1次世界大戦の戦費調達のために発行されたそうです。本人が死んでも永久に払い続けられるという債権です。仮にこの永久債の利息が毎年100万円だとします。あなたならいくらで買いますか。
　ヒントは標題の「投資価値は将来CFを現在価値に割り引いて計算する」というファイナンスの基本原則です。

②永久債の値段
　定期預金と思えばよいのです。利率を5％と考えれば2,000万円、利率を2％と考えれば5,000万円の定期預金が必要です。定期預金の金額が永久債の値段です。これを式に表したのが以下の公式です。

$$\text{永久債の値段} = \frac{CF（将来キャッシュフロー）}{r（割引率）}$$

　利率に相当するのが図の割引率、利息の100万がCFです。CFがわかっているのですから、割引率を決めれば永久債の値段は決まります。この割引率は投資家サイドからは期待利回りと呼ばれています。

③期待利回り（割引率）はリスクにより異なる

　永久債の価格を決めるには、まず利率に相当する割引率、すなわち期待利回りを決める必要があります。ではどうやって、あなたは期待利回りを決めるのでしょうか。

　もちろん預金等の投資の利回りを参考にすると思いますが、期待利回りはリスクにより異なるはずです。例えば、永久債をギリシャが発行するのであればリスクが高いと考え、あなたの期待利回りは高くなるはずです。一方、先進国でリスクが低いと考えれば、期待利回りは低くなるのではないでしょうか。期待利回りは、リスク評価により決まります。

（2）会社の値段の算定式
①株主資本コストは株式益回り

　会社の値段は、株式時価総額で示すことができます。この会社の値段の考え方も、永久債と基本的に同じです。

　将来CFはわかりませんので、当期純利益を使います。先ほどの永久債と異なり、値段（株価）は上場会社であれば日々知ることが可能です。以下の公式の当期純利益と株式時価総額がわかれば株主資本コストが算定できます。

$$\text{会社の値段（株式時価総額）} = \frac{\text{当期純利益}}{\text{株主資本コスト}}$$

　株主の期待利回り、すなわち株主資本コストは以下の式により株式益回りとして示されます。

$$\text{株主資本コスト} = \frac{\text{当期純利益}}{\text{株式時価総額}} = \text{株式益回り}$$

5章　投資家視点からの企業価値分析

②**株主資本コストは（r−g）で示される**

将来CFの代替指標として利益を使ったため、利益の将来変化を考慮する必要があります。そのため、分母の「r（割引率）」から「g（成長性）」を控除します。成長性を加味しているのが特徴です。

$$会社の値段（株式時価総額） = \frac{当期純利益}{r（割引率） - g（成長率）}$$

分母の「r」はリスクです。ファイナンス理論ではリスクは将来CF（当期純利益）のバラつき（ブレ幅）の大きさを示します。投資家が今後も安定的な当期純利益を期待できると考えればリスクは低くなります。一方、当期純利益は不安定で、大きく増加する可能性もあれば、低下する可能性もあると考えれば、リスクは高くなります。

一方の「g」は成長性です。投資家が会社の経営戦略を高く評価すれば、gは大きくなります。経営戦略に魅力を感じなければgは小さくなります。

この「r」と「g」に対する投資家の評価が、株主資本コストを決めます。そして、資本コストは株式益回りにより把握できるというのが、資本コストに関する「株式益回りアプローチ」の考え方です。

くどい説明になりましたが、お伝えしたかったことはシンプルです。

PERをその逆数である「株式益回り」と理解することが重要です。なぜなら「株式益回り」は、株主の期待利回りすなわち資本コストを示していると考えられるからです。そして資本コストは投資家が、当該企業のリスクは低く、成長が期待されると判断することにより、低下させることができます。

これこそが、IR（インベスター・リレーションズ）が重視される理由と考えます。

5章-2

PBR＝ROE×PER

1　株価分析マップによる企業価値分析

　PERとPBRとROEの説明をしてきましたが、その相互関係を理解することが重要です。この三者の関係を理解できると、企業価値向上に向けた会社としての課題が想定できるようになります。

　ただし、ご存じのように株価は様々な要因や思惑で変動します。このため過去の株価推移を参考に、自社の適正な株価を推定すべきです。これから紹介する分析は基本的な株価分析の考え方を理解していただくため、決算時点の株価をそのまま使っています。その点をご了承ください。

▶ 1-1.　PBR＝ROE×PER

　世の中では株価指標としてはPBRよりPERが脚光を浴びているようですが、私はPBRを企業価値（＝株式時価総額）の評価指標と考えています。

　PBRは異常値が出にくく、赤字でも算定可能なことは既に述べたとおりです。さらにPBRは企業価値向上に向けた課題を示してくれます。

（1）PBRが高い（低い）原因を分析する

　PBRは以下の式により、ROEとPERの2つに分解できることがわかります。

$$PBR = \frac{株式時価総額}{純資産} = \frac{当期純利益}{純資産\,(ROE)} \times \frac{株式時価総額}{当期純利益\,(PER)}$$

　この式は自社のPBRが高い（低い）としたら、その原因は2つ考えられることを示しています。ROEにあるのか、PERにあるのかの2つです。すなわち、

企業価値の代表指標であるPBRを高めるためには、ROEを上げるという方法と、PERを上げるという2つの方法があることがわかります。

（2）PERは投資家の経営戦略評価を示す

ROEは生産性の実績を示すことは明らかです。ではPERは何を意味しているのでしょうか。

ファイナンスの理論からはPERは投資家の経営戦略評価を示すと言われています。先ほど紹介したように、PERは株主の企業に対するリスクや成長性の評価結果です。企業のリスクや成長性の評価は、経営戦略そのものに対する評価といえます。

（3）株価分析マップ

この計算式を利用した株価分析手法として株価分析マップを紹介しましょう。**図表V-⑨**はもっともシンプルなPBRの分析マトリックスです。私は株価分析マップと呼んでいます。

図表V-⑨　株価分析マップ

■各企業のPBRとPERに基づき下記マトリックスに会社を位置づければ、評価や課題が明確になる

	ROE 低い	ROE 高い
PBR 高い	■イエローゾーンA ・現在の業績（ROE）は低いが、経営戦略の評価は高い ・ROE向上が課題	■ゴールデンゾーン（候補） ・現在のROEや、投資家の経営戦略評価は平均以上 ・経営戦略の確実な解決によりROEやPERの更なる向上が課題
PBR 低い	■グレーゾーン ・現在の業績は悪く、経営戦略の評価も低い ・経営基盤能力の強化が課題	■イエローゾーンB ・現在業績は良いが、投資家の経営戦略評価が低い ・経営戦略の明確化やIR強化が課題

縦軸にPBR、そして横軸にROEをとり、分析対象会社をプロットします。評価軸をいくつ設定するかは自由ですが、ここではシンプルに縦軸、横軸に1本の線を引き4つに区分しています。

図表Ⅴ-⑨で右上のゾーンはPBR、ROEとも平均を上回っているゴールデンゾーン（候補）です。逆に左下は、PBR、ROEとも平均を下回るグレーゾーンです。
　PBRとROEのいずれかが低ければイエローゾーンです。ROAが低い左上ゾーンをここではイエローゾーンA、PBRが低い右下ゾーンをイエローゾーンBと呼んでいます。

▶ 1-2. 著名企業の株価分析マップ

　では具体的に株価分析マップを作成してみましょう。
　図表Ⅴ-⑩ではPBRが1倍と2倍の位置に太い横線、ROEを示す横軸では5％と10％の位置に太い縦線を、また斜線でPERを示しています。
　PBR＝ROE×PERですから、図でROE10％、PBR 1倍の交点はPERが10倍ということになります。そこで原点からこの交点まで直線を引くとPER10倍を示すことになります。

図表Ⅴ-⑩　著名会社の株価分析マップ

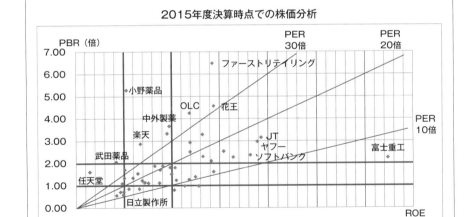

各社の2015年度有価証券報告書より作成

　そもそも著名企業は株式時価総額が高い会社で、株価が高い会社が多いと思

われます。しかし、企業価値を示すPBRは1倍未満の会社から5倍を超える会社までかなり広く分布していることがわかります。一方、ROEが最も高いのは富士重工で32.4%となっています。

(1) ゴールデンゾーンにある著名企業

ゴールデンゾーンに位置づけられる14社を示したのが**図表Ⅴ-⑪**です。平均水準以上の指標は薄く、平均水準に達していない指標には濃く色付けしています。

なお、株価関連の情報は有価証券報告書の主要経営指標より作成しています。主要経営指標には図表Ⅴ-⑪の計算式①当期純利益、②純資産額、③PER（株価収益率）が記載されています。株式時価総額は、当期純利益に株価収益率を乗じ計算しているため、端数等の関係で概算額になっています。なお、株価収益率は決算日の株価から算定されています。

図表Ⅴ-⑪ ゴールデンゾーン企業

指標	PBR	ROE	PER(株価収益率)	株式時価総額	当期純利益	純資産額
計算式	④÷②	①÷②	③	④=①×③	①	②
単位	(倍)	(%)	(倍)	(10億円)	(10億円)	(10億円)
ファーストリテイリング	6.48	14.2%	45.60	5,017	110	775
花王	4.56	14.4%	31.70	3,134	99	687
OLC	4.26	11.8%	36.00	2,661	74	625
キーエンス	3.32	13.2%	25.22	3,459	137	1,043
JT	3.18	19.3%	16.53	8,028	486	2,522
ヤフー	3.00	18.9%	15.89	2,741	172	913
日本電産	2.96	11.9%	24.90	2,286	92	773
アステラス製薬	2.57	15.4%	16.70	3,235	194	1,259
ファナック	2.56	12.0%	21.40	3,418	160	1,335
ソフトバンク	2.41	18.1%	13.30	6,306	474	2,614
ダイキン	2.36	13.2%	17.90	2,452	137	1,037
村田製作所	2.31	16.4%	14.10	2,873	204	1,244
富士重工	2.30	32.4%	7.10	3,100	437	1,349
KDDI	2.14	14.1%	15.22	7,526	494	3,509

各社の2015年度有価証券報告書より作成

図表Ⅴ-⑪はPBRが高い順に並べています。PERについては20倍以上の会社は半数程度です。ゴールデンゾーンにある会社といえども、PERの改善によりさらなるPBRの向上が可能であることを示しています。

富士重工はこの5年間で大幅に株価が上昇していますが、タカタ製エアバッグの異常破裂に伴うリコール問題の影響か、PERは7.1倍と低いのが目立ちま

す。また、ソフトバンクも13.3倍と低くなっています。ゴールデンゾーンにある会社は、このポジションを維持し続けることが課題となります。ただし、ROEとPERのベストバランスをどう考えるのかは重要な検討課題といえます。

（２）ゴールデンゾーン候補企業

PBR、ROEとも平均を上回りますが、ゴールデンゾーンには入っていないゴールデンゾーン候補企業が**図表Ⅴ-⑫**の24社です。

図表Ⅴ-⑫　ゴールデンゾーン候補企業

指標	PBR	ROE	PER（株価収益率）	株式時価総額	当期純利益	純資産額
計算式	④÷②	①÷②	③	④=①×③	①	②
単位	（倍）	（％）	（倍）	（10億円）	（10億円）	（10億円）
小野薬品	5.30	5.2%	101.10	2,525	25	476
中外製薬	3.69	9.7%	37.86	2,314	61	627
エーザイ	3.35	9.5%	35.22	1,935	55	577
楽天	2.89	6.7%	43.40	1,922	44	664
三菱地所	1.75	5.0%	34.77	2,901	83	1,659
大塚ホールディングス	1.39	5.0%	27.80	2,338	84	1,683
セブン＆アイ	1.59	6.4%	24.70	3,975	161	2,505
セコム	1.94	8.2%	23.70	1,826	77	943
三井不動産	1.40	5.9%	23.60	2,778	118	1,989
クボタ	1.93	9.0%	21.34	2,350	110	1,219
大和ハウス	1.77	8.8%	20.24	2,096	104	1,182
JR東海	1.67	14.3%	11.61	3,918	337	2,353
トヨタ自動車	1.02	12.8%	8.00	18,502	2,313	18,088
ブリヂストン	1.43	12.5%	11.50	3,269	284	2,282
三菱電機	1.31	11.8%	11.10	2,536	228	1,938
伊藤忠	1.03	11.3%	9.11	2,518	276	2,452
パナソニック	1.29	10.4%	12.39	2,394	193	1,854
NTTドコモ	1.86	10.3%	18.10	9,926	548	5,343
JR東日本	1.54	10.0%	15.50	3,802	245	2,463
SMC	1.86	9.8%	19.00	1,751	92	942
キヤノン	1.26	6.9%	18.20	4,008	220	3,184
信越化学	1.19	7.2%	16.70	2,486	149	2,080
デンソー	1.11	7.5%	14.73	3,598	244	3,255
コマツ	1.13	8.7%	13.10	1,800	137	1,588

各社の2015年度有価証券報告書より作成

これらの会社がゴールデンゾーンに入るための課題は何でしょうか。

この問いにはPBRがROEとPERの２つに分解できることから、簡単に分析できます。

①ROE向上が課題の11社

小野薬品から大和ハウスまでの11社は、PERは高いのですがROEが10％未満です。10％以上のROEを目指すことによるPBR向上が、標準的には課題と

②PER向上が課題の8社

　JR東海からJR東日本までの8社は、上記11社とは逆にROEは10％を超えている会社です。PERの向上を検討することがPBR向上のための標準的な課題といえます。残りのキヤノン以下の4社はどちらともいえませんが、まずは着実にROEの向上を目指すのが定石と考えます。

（3）PBR１未満の会社が９社も含まれている（イエローゾーン）

　PBRとROEのいずれかが平均水準に達していない会社がイエローゾーンに位置づけられます。**図表V-⑬**の6社がイエローゾーンに位置づけられます。

図表V-⑬　イエローゾーン企業

指標	PBR	ROE	PER（株価収益率）	株式時価総額	当期純利益	純資産額
計算式	④÷②	①÷②	③	④=①×③	①	②
単位	(倍)	(％)	(倍)	(10億円)	(10億円)	(10億円)
武田薬品	2.08	4.2%	50.20	4,191	83	2,011
任天堂	1.66	1.4%	116.45	1,922	17	1,161
ソニー	1.14	4.7%	24.20	3,577	148	3,124
富士フイルム	0.91	5.4%	16.80	2,072	123	2,284
NTT	0.91	6.6%	13.80	10,181	738	11,240
日産自動車	0.85	10.2%	8.33	4,364	524	5,141

各社の2015年度有価証券報告書より作成

①ROEは低いが投資家の期待が高いイエローゾーンA

　武田薬品、任天堂、ソニーの3社は、ROEは5％未満と低いのですが、PERが高く、その結果としてPBRが高い会社です。

　特に、武田薬品50.2倍、任天堂116.45倍と非常に高くなっています。

　任天堂はポケモンGO効果、武田薬品へは新薬開発の期待でしょうか。

　ここに位置付けられる会社は、株主の期待が高いわけですから、具体的なROE改善に結び付けられるかが課題となります。

②PBRが1倍未満のイエローゾーンB

　富士フイルム、NTT、日産自動車の3社のROEは平均的もしくは高いにも関わらず、PBRが1未満の会社です。富士フイルムとNTTはROE、PERとも

に平均ゾーンですが、どちらかと言えばROEの改善が現実的には実現可能な課題のように思えます。伊藤レポートの8％台は実現してほしいものです。

一方、日産自動車のROEは10％を超えているのに対し、PERは8.33倍と低く、PERの改善が課題と考えます。

③グレーゾーン

残念ながら、PBRとROEどちらも平均水準に達していないのが、**図表V-⑭**グレーゾーン企業に位置づけられるホンダ、京セラ、新日鐵住金、日立製作所の4社です。いずれの会社もROEが5％未満であり、その改善が課題といえます。

図表V-⑭　グレーゾーン企業

指標	PBR	ROE	PER (株価収益率)	株式時価総額	当期純利益	純資産額
計算式	④÷②	①÷②	③	④=①×③	①	②
単位	(倍)	(％)	(倍)	(10億円)	(10億円)	(10億円)
ホンダ	0.79	4.9%	16.10	5,547	345	7,032
京セラ	0.77	4.6%	16.68	1,819	109	2,374
新日鐵住金	0.66	4.8%	13.60	1,978	145	3,009
日立製作所	0.62	4.2%	14.80	2,548	172	4,126

各社の2015年度有価証券報告書より作成

株式時価総額が高い日本の著名企業50社のうちに、PBRが1倍未満の会社がイエローゾーンBに3社、グレーゾーンに4社と7社も含まれています。

なお、著名企業として分析してきた三菱商事と三井物産の2社は当期純利益がマイナスとなっているため、株価分析の対象外としています。ちなみにこの両社もPBRは1倍未満です。

なんと著名会社50社のうち、9社はPBRが1倍未満となり、かなりショッキングな状況と言えます。

2 PBR＝ROE×PERとは

最後に、そもそもPBR＝ROE×PERとは何を意味しているかを考えてみましょう。

▶ 2-1. PBR＝ROE÷株式益回り（株主資本コスト）

PERの逆数は、株式益回りでした。

従って、「PBR＝ROE×PER」は「PBR＝ROE÷株式益回り」と表すことができます。

株式益回りは株主資本コストで、具体的にはR（リスク）－g（成長）で示されることを先ほど紹介しました。

伊藤レポートでは、株主資本コストを上回るROEを上げることの重要性を述べています。PBRはまさに企業がどれだけ株主資本コストを上回るROEを実現しているかを示す指標といえます。

（1）PBR＝1はROEと株主資本コストが一致していることを示す

上記の式からPBRが1ということは、株主の期待利回りである株主資本コストと実際の利回りであるROEが一致していることを示しています。純資産の金額が清算価値を下回っているというよりは、理論的に聞こえます。

（2）PBR＞1はROEが株主資本コストを上回っていることを示す

PBRが1を上回っていることは実際の利回り（ROE）が株主の期待利回りである株主資本コストを超えていることを示しています。

株主資本コストよりも、実績利回りであるROEが高ければ高いほど、PBRは高くなります。

（3）PBR＜1はROEが株主資本コストを下回っていることを示す

PBRが1未満ということは、実際の利回り（ROE）が株主の期待利回りである株主資本コストを満たしていないことを示しています。

PBRが1未満だと問題なのは、株主の期待利回りに応えていないからです。

PBR＝ROE×PERは式として覚えやすいのですが、その意義を理解するにはPBR＝ROE÷株主資本コストと捉えることをお勧めします。

▶ 2-2.「PBR＝ROE÷株主資本コスト」が示す3つの課題

「PBR＝ROE÷株主資本コスト」は、下記の3つ課題提起をしています。

（1）企業価値評価指標としてのPBRの重要性

株価そのもので企業間の企業価値の妥当性を比較することはできません。PBRやPERのような評価指標が必要となります。

ところで、下記の3社を比較して企業価値の観点から最も優秀な会社はどれかという質問を受けたことがあります。質問者はC社がベストであることは明らかなのですが、次によい会社がA社かB社かわからないというのです。

A社：	株式益回り 8％	ROE 10％
B社：	株式益回り 10％	ROE 8％
C社：	株式益回り 10％	ROE 10％

益回りはPERの逆数ですから、各社のPBRを知ることができます。C社はPBRが1倍、A社は1.25倍、B社は0.8倍であることがわかります。私はPBRが最も高いA社がベストだと思います。

（2）ROE至上主義への警鐘

上記の質問にD社を加えてみましょう。

D社：	株式益回り 5％	ROE 8％

B社同様にROEは低いのですが、PBRは1.6倍で4社の中ではベストになります。

ROEが高い企業が良いとは限りません。資本コストを、どれだけ上回っているかが重要なのです。ROEを上げるだけでなく、資本コストを低下させることも重要です。企業としてPBR向上に向けどちらを目指すべきかは、先に述

べたようにPBRを分析することにより把握できます。

　資本コストを低下させるには、将来の存続と成長に向けた経営戦略を明確にし、わかりやすく投資家に説明することが必要です。ただし、絵に描いた餅と感じられるようでは駄目です。経営戦略の実行可能性や実行力があることを具体的に示すことにより、投資家のリスク意識を低め、成長性評価を高めることが不可欠です。

（3）企業としての基準値の明確化

　また、企業はROEの極大化を目指すべきでしょうか。
伊藤レポートでも、「ROEを極大化すべきか否かは議論が分かれるが、最低限資本コストを超える水準を目標にすべきとの考えは共通している」との記載があります。

　ROEを極大化すべきという結論には賛成できません。
企業は資本コストを意識したROEの目標値、いや基準値を持てばよいのです。基準値を超えるROEが実現できそうであれば、むしろ将来のための投資的活動、従業員賞与、社会貢献等に使うべきと考えます。

　また、ROEの基準値だけを示せばよいのでしょうか。ROEだけでなくPBRの基準値を持つことが、企業価値向上には不可欠と考えます。

要　約（5章）

　投資家視点からは、株価分析マップを使った企業価値分析を行うことにより、企業価値評価だけでなく、企業価値の拡大に向けた課題を知ることができる。

1. **株価を分析する指標は3つあるが、企業価値（＝株式時価総額）の評価指標としてはPBRが有効。**
   - PERは株価を判断するために最も有名な指標だが、企業価値を示す指標としてはPBRが有効である。

2. **PBR＝ROE×PERという関係にある。**
   - PBRの向上に向け、ROEが問題か、PERが問題かを見極めることが重要である。
   - 株価分析マップを使うことにより、自社のPBR向上に向けた課題がいずれにあるかを知ることができる。

3. **PBR1倍とは株主の期待利回り、すなわち資本コストと会社の実際利回りであるROEが一致していることを示す。**
   - PBRが1倍未満は、実際利回りであるROEが資本コストを下回っていることを示す。

4. **PERを上げるには、投資家による経営戦略の評価を高める必要がある。**
   - PERの逆数は益回りと呼ばれており、益回りは投資家サイドからは将来の期待利回り、企業サイドからは資本コストを示す。
   - 益回りは、市場での投資家による企業のリスク評価と成長性評価により決まる。
   - 企業の経営戦略は特に、成長性評価に大きな影響を与える。

6章
財務諸表の向こうに戦略が見える

この章で伝えたいこと

取締役・経営幹部としての業績責任を果たすためには、債権者や投資家の会社評価を知るだけでなく、彼らのニーズに応えるために戦略を見直し、業績改善することが求められます。そのための財務諸表の分析手法を本書では戦略会計と呼んでいます。

本書では戦略会計を財務戦略会計、企業戦略会計、事業戦略会計の3つに区分し、まずは財務戦略会計と企業戦略会計を説明します。

図表Ⅵ-① **経営視点から財務諸表を分析する**

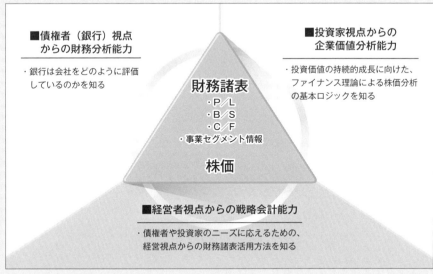

①C／Fから財務戦略がわかる

財務戦略会計では、そもそも財務戦略とは何か。また、その具体的な分析手法を理解することがポイントになります。

②事業セグメント情報から企業戦略とその成果がわかる

企業戦略会計では、事業セグメント情報の重要さに加え、企業戦略とその成果を具体的に分析する手法を理解することがポイントになります。

6章-1

C/Fから財務戦略を把握する

　キャッシュフロー計算書（C/F）から財務戦略がわかるということを述べてきました。では、そもそも財務戦略とは何なのでしょうか。
　財務戦略とは、企業の将来の存続と発展に向けたお金の使い方です。具体的には投資政策、資金政策、株主還元政策の3つを指し、これらの政策をどう読み取るかがポイントになります。
　図表Ⅵ-②がC/Fの雛形です。直接法と間接法を比較していますが、公表されているC/Fは、ほとんどが間接法で示されています。

図表Ⅵ-②　直接法と間接法の違い

直接法のキャッシュフロー計算書		間接法のキャッシュフロー計算書	
Ⅰ　営業活動によるキャッシュフロー		Ⅰ　営業活動によるキャッシュフロー	
営業収入	×××	税金等調整前当期純利益	×××
原材料又は商品の仕入れ支出	—×××	減価償却費	×××
人件費支出	—×××	貸倒引当金売上債権の増加額	×××
その他営業支出	—×××	売上債権の増加額	—×××
小計	×××	たな卸資産の減少額	×××
利息及び配当金の受取額	×××	仕入債務の減少額	—×××
利息の支払額	—×××	小計	×××
法人税等の支払い額	—×××	利息及び配当金の受取額	×××
営業活動によるキャッシュフロー	×××	利息の支払額	—×××
		法人税等の支払い額	—×××
		営業活動によるキャッシュフロー	×××
Ⅱ　投資活動によるキャッシュフロー	×××	Ⅱ　投資活動によるキャッシュフロー	×××
Ⅲ　財務活動によるキャッシュフロー	×××	Ⅲ　財務活動によるキャッシュフロー	×××
Ⅳ　現金及び現金等価物の増加額	×××	Ⅳ　現金及び現金等価物の増加額	×××
Ⅴ　現金及び現金等価物の期首残高	×××	Ⅴ　現金及び現金等価物の期首残高	×××
Ⅵ　現金及び現金等価物の期末残高	×××	Ⅵ　現金及び現金等価物の期末残高	×××

　直接法は直感的に理解しやすく、間接法はわかりにくいといえます。しかし、財務戦略の分析には間接法が有効です。なお、間接法でも営業CF、投資CF、財務CFの金額は同じです。異なるのは営業CFの表示方法だけです。

1 キャッシュフロー計算書の要約方法

図表Ⅵ-③はキヤノンの2015年度のC／Fです。ここからはキヤノン株式会社の事例に基づいて財務戦略を説明します。まずは、公開情報をそのままの状態でご確認ください。

営業CFの最初に記載されている非支配持分控除前当期純利益は、現在では経済的単一説の採用により当期純利益として表示されています。

図表Ⅵ-③　キヤノンのキャッシュフロー計算書

区分	2014年度 金額（百万円）	2015年度 金額（百万円）
Ⅰ　営業活動によるキャッシュ・フロー		
1　非支配持分控除前当期純利益	265,239	231,333
2　営業活動によるキャッシュ・フローへの調整		
減価償却費	263,480	273,327
固定資産売廃却損	12,429	7,975
持分法投資損益	▲478	▲447
法人税等繰延税金	8,929	4,672
売上債権の減少	9,323	22,720
たな卸資産の減少	59,004	14,249
買入債務の減少	▲24,620	▲17,288
未払法人税等の増加（－減少）	3,586	▲8,731
未払費用の増加（－減少）	11,124	25,529
未払（前払）退職及び年金費用の増加（－減少）	▲6,305	4,622
その他－純額	▲17,784	▲32,179
営業活動によるキャッシュ・フロー	583,927	474,724
Ⅱ　投資活動によるキャッシュ・フロー		
1　固定資産購入額	▲218,362	▲252,948
2　固定資産売却額	3,994	3,824
3　売却可能有価証券購入額	▲311	▲98
4　売却可能有価証券売却額及び償還額	2,606	804
5　定期預金の減少（－増加）－純額	▲14,223	47,665
6　事業取得額（取得現金控除後）	▲54,772	▲251,534
7　投資による支払額	－	▲1,220
8　その他－純額	11,770	▲112
投資活動によるキャッシュ・フロー	▲269,298	▲453,619
Ⅲ　財務活動によるキャッシュ・フロー		
1　長期債務による調達額	1,377	717
2　長期債務の返済額	▲2,152	▲1,350
3　短期借入金の減少－純額	▲54	
4　非支配持分の取得額	－	▲29,570
5　配当金の支払額	▲145,790	▲174,711
6　自己株式取得及び処分	▲149,813	790
7　その他－純額	▲4,454	▲6,078
財務活動によるキャッシュ・フロー	▲300,886	▲210,202
Ⅳ　為替変動の現金及び現金同等物への影響額	41,928	▲21,870
Ⅴ　現金及び現金同等物の純増減額	55,671	▲210,967
Ⅵ　現金及び現金同等物の期首残高	788,909	844,580
Ⅶ　現金及び現金同等物の期末残高	844,580	633,613

キヤノンの2015年度有価証券報告書より作成

▶ 1-1. 要約C／Fの作成

キヤノンの2015年度C／Fを要約したのが**図表Ⅵ-④**です。財務戦略を分析するために必要な項目だけを要約しています。極めてシンプルで見やすくなったのではないでしょうか。

図表Ⅵ-④ キヤノンの要約キャッシュフロー計算書

区分	第114期 2014年12月期 金額（百万円）	第115期 2015年12月期 金額（百万円）
営業活動によるキャッシュ・フロー	583,927	474,724
当期純利益	265,239	231,333
減価償却費	263,480	273,327
その他	55,208	▲29,936
投資活動によるキャッシュ・フロー	▲269,298	▲453,619
事業投資	▲269,140	▲500,658
財務投資	▲158	47,039
財務活動によるキャッシュ・フロー	▲300,886	▲210,202
資金調達・返済	▲829	▲30,203
配当金の支払額	▲145,790	▲174,711
自己株式取得	▲149,813	790
その他	▲4,454	▲6,078
為替変動の現金及び現金同等物への影響額	41,928	▲21,870
現金及び現金同等物の純増減額	55,671	▲210,967
現金及び現金同等物の期首残高	788,909	844,580
現金及び現金同等物の期末残高	844,580	633,613

キヤノンの2015年度有価証券報告書より作成

要約のポイントは以下の3つです。
①営業CF≒当期純利益＋減価償却費という基本公式を利用し、営業CFを整理する。
②投資CFは純粋な事業投資と余剰資金の運用を示す財務投資を区分する。
③財務CFは資金調達・返済の増減額を把握し資金政策を把握できるようにする。また、株主還元政策が把握できるように配当金と自己株式の増減額を把握する。

それぞれについて簡単に補足説明をしましょう。

（１）営業CF＝当期純利益＋減価償却費＋その他

　営業CF≒当期利益＋減価償却費ということは、既に述べたとおりです。キヤノンの「その他」の金額は▲29,936百万円と少額です。

図表Ⅵ-⑤　キヤノンの要約営業CF

区分	2015年度 金額（百万円）
Ⅰ　営業活動によるキャッシュ・フロー	
1　非支配持分控除前当期純利益	231,333
2　営業活動によるＣＦへの調整	
減価償却費	273,327
固定資産売廃却損	7,975
持分法投資損益	▲447
法人税等繰延税額	4,672
売上債権の減少	22,720
たな卸資産の減少	14,249
買入債務の減少	▲17,288
未払法人税等の増加（－減少）	▲8,731
未払費用の増加（－減少）	▲25,529
未払（前払）退職及び年金費用の増加（－減少）	4,622
その他－純額	▲32,179
営業活動によるキャッシュ・フロー	474,724

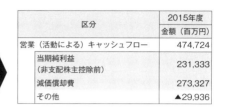

区分	2015年度 金額（百万円）
営業（活動による）キャッシュフロー	474,724
当期純利益（非支配株主控除前）	231,333
減価償却費	273,327
その他	▲29,936

　営業CFを要約する上での留意点は、以下の２つです。

①日本基準では当期純利益は示されていない

　キヤノンのC／Fでは営業CFは「非支配持分控除前当期純利益」（＝当期純利益）からスタートしています。米国会計基準で作成されているためです。

　一方、日本基準では「税金等調整前当期利益」からスタートしています。当期純利益そのものは表示されていません。面倒なのですが、「法人税等の支払額」を控除すると当期純利益に近い金額となります。本書では「法人税等支払後利益」と呼んでいます。

②日本基準では減価償却費にはのれん償却費を加算する

　また、日本の会計基準は「のれん」についても、償却することを義務付けています。のれん償却費はC／F上で区分表示されていますので、減価償却費だけでなく、のれん償却費も忘れずに加算してください。

（2）投資CF＝事業投資CF＋財務投資CF

投資CFは**図表Ⅵ-⑥**で示すように、事業投資と財務投資を区分し把握することがポイントです。

図表Ⅵ-⑥　キヤノンの要約投資CF

区分	2015年度 金額（百万円）
Ⅱ　投資活動によるキャッシュ・フロー	
1　固定資産購入額	▲252,948
2　固定資産売却額	3,824
3　売却可能有価証券購入額	▲98
4　売却可能有価証券売却額及び償還額	804
5　定期預金の減少（－増加）－純額	47,665
6　事業取得額（取得現金控除後）	▲251,534
7　投資による支払額	▲1,220
8　その他－純額	▲112
投資活動によるキャッシュ・フロー	▲453,619

区分	2015年度 金額（百万円）
投資活動によるキャッシュ・フロー	▲453,619
事業投資CF	▲500,658
1　固定資産購入額	▲252,948
2　固定資産売却額	3,824
6　事業取得額 　　（取得現金控除後）	▲251,534
財務投資CF	47,039

投資CFというとすぐに設備投資を想像するかもしれません。しかし、会社は余剰資金を定期預金や有価証券等に投資することもあります。これを本書では財務投資と呼んでいます。事業投資と財務投資を区分し、積極的に事業投資を行っているか否かを判断することが重要です。

①財務投資を区分する

財務投資は余剰資金の一時的な活用であり、事業投資とは性格がまったく異なります。多少表現は会社により異なりますが、下記記載項目が財務投資に該当します。

・預金（定期／拘束性預金／譲渡性預金）の預入／払出による支出／収入
・有価証券／投資有価証券の購入、売却、満期償還
・短期投資／長期投資の購入、売却、満期償還
・短期／長期貸付金の貸付／回収による支出／収入

②事業投資の把握

有形固定資産や無形固定資産の増減額が事業投資の典型例です。
この他には以下のようなM＆Aに関わる項目が含まれます。

- 関係会社株式の取得／売却による支出／収入
- 子会社の取得／売却による支出／収入
- 関連会社株式の取得／売却による支出／収入
- 持分法で会計処理されている投資の取得／売却による支出／収入

　キヤノンの2015年度に示されている事業取得額もM＆Aに該当します。ネットワークカメラの世界シェアトップであるアクシスの買収対価です。

　投資政策判断の対象はあくまでも、事業投資です。事業投資が積極投資か否かを判断することが重要です。

（3）財務CFには資金政策と株主還元政策が記載されている

　財務CFは**図表Ⅵ-⑦**のように資金政策と株主還元政策に要約できます。

　キヤノンの2015年度の財務CFからは、ほとんどの金額が株主還元に使われていることがわかります。

図表Ⅵ-⑦　キヤノンの要約財務CF

区分	2015年度 金額（百万円）
Ⅲ　財務活動によるキャッシュ・フロー	
1　長期債務による調達額	717
2　長期債務の返済額	▲1,350
3　短期借入金の減少ー純額	―
4　非支配持分の取得額	▲29,570
5　配当金の支払額	▲174,711
6　自己株式取得及び処分	790
7　その他ー純額	▲6,078
財務活動によるキャッシュ・フロー	▲210,202

区分	2015年度 金額（百万円）
財務活動によるキャッシュ・フロー	▲210,202
資金調達・返済	▲633
1　長期債務による調達額	717
2　長期債務の返済額	▲1,350
3　短期借入金の減少ー純額	―
株主還元	▲173,921
4　配当金の支払額	▲174,711
5　自己株式取得ー純額	790
6　その他ー純額	▲6,078

①資金取引関連の記載項目

　資金取引は大きくは有利子負債と増資等の資本取引に区分できます。

　資金関連で圧倒的に多いのが有利子負債に関連する取引であり、以下の項目がその代表例です。

- 短期／長期借入（債務）の増加／減少（返済）
- コマーシャルペーパーの発行／償還による収入／支出
- 社債／転換社債の発行／償還による収入／支出
- ファイナンスリース債務の返済による支出

借入金、債務、ファイナンスリース、社債、転換社債という言葉が出てくれば有利子負債の増減取引と考えてよいでしょう。一方、「株式発行による収入」の記載があれば増資です。

②支払配当

連結決算ですから、親会社の配当だけでなく、子会社の配当も含まれます。ただし、子会社の親会社に対する配当は内部取引であり相殺消去され、非支配株主持分（少数株主持分）に対する配当のみが計上されます。

C／Fでは「子会社による非支配株主（少数株主）への配当金の支払」として記載されています。

③自己株式の増減

自己株式を取得・売却した場合に、自己株式の取得による支出、自己株式の売却による収入が計上されます。

自己株式とは、例えばキヤノンがキヤノンの株式を保有することを意味します。以前は自己株式の取得は認められませんでしたが、2001年（平成13年）の商法改正で、配当可能利益の範囲内であれば定時株主総会の決議によって行えるようになりました。一般的には「金庫株解禁」と呼ばれています。

また、子会社が自社の株式を取得した場合や、親会社が子会社の株式を追加取得した場合も自己株式の増減に含めます。

2　財務戦略の分析手法

　要約したC／Fから財務戦略の分析方法を示したのが**図表Ⅵ-⑧**です。ポイントは2つです。

図表Ⅵ-⑧　C／Fから財務戦略を把握する

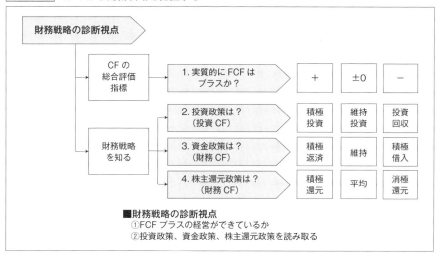

①総合指標はFCFプラスの経営ができているか

　企業の一生涯のFCFと利益は一致します。したがって、長期的に見た場合にはFCFがプラスの経営が求められることになります。ただし、財務投資は無視して考えるべきです。また、FCFをプラスといっても、投資を惜しめば簡単にFCFをプラスにすることはできます。したがって、十分な事業投資を行った上で、FCFプラスの経営ができているかを確認することが必要です。

　そのため、まず実質的にFCFがプラスの経営ができているかを確認します。

②財務戦略を把握する

　財務戦略とは、企業の存続と成長に向け稼ぎ出した営業CFをどのように使っているかです。事業投資金額からは投資政策、資金調達・返済金額からは資金政策、株主還元の金額からは株主還元政策を把握します。

▶ 2-1. 絵にしてイメージアップ

2010年度から2015年度のキヤノンの要約C／Fの推移は**図表Ⅵ-⑨**のとおりです。右サイドには6年間の累計額を示しています。

図表Ⅵ-⑨ **キヤノンの要約C／F（2010〜2015年度）**

単位：10億円

区分		2010年度	2011年度	2012年度	2013年度	2014年度	2015年度	累計
Ⅰ	営業活動によるキャッシュ・フロー	744	470	384	508	584	475	3,164
	非支配持分控除前当期純利益	253	254	232	240	265	231	1,475
	減価償却費	276	261	258	275	263	273	1,608
	その他	216	▲46	▲107	▲7	55	▲30	81
Ⅱ	投資活動によるキャッシュ・フロー	▲342	▲257	▲213	▲250	▲269	▲454	▲1,785
	事業投資	▲252	▲235	▲312	▲236	▲269	▲501	▲1,805
	財務投資	▲91	▲22	99	▲14	0	47	20
Ⅲ	財務活動によるキャッシュ・フロー	▲280	▲258	▲320	▲222	▲301	▲210	▲1,590
	資金調達返済	▲75	▲1	▲8	▲1	▲1	▲30	▲117
	配当金の支払額	▲136	▲153	▲142	▲156	▲146	▲175	▲907
	自己株式取得-純額	▲61	▲100	▲150	▲50	▲150	1	▲510
	その他-純額	▲8	▲3	▲19	15	▲4	▲6	▲56
Ⅳ	為替変動の現金及び現金同等物への影響額	▲77	▲23	42	87	42	▲22	49
Ⅴ	現金及び現金同等物の純増減額	46	▲67	▲107	122	56	▲211	▲161
Ⅵ	現金及び現金同等物の期首残高	795	841	773	667	789	845	795
Ⅶ	現金及び現金同等物の期末残高	841	773	667	789	845	634	634

キヤノンの有価証券報告書より作成

キャッシュフローの特徴は、現預金の増減額ですから、思わぬ事情でぶれることがあります。黒字倒産は例外ですが、通常の企業でもイレギュラーが発生することがあるのです。

典型的なのが、年度末が銀行の休日と重なった場合です。この場合、支払いを年度中に行うか、翌年度に回すかは会社により異なります。支払いを翌年度に回した場合は、当期は11ヶ月の支払いしかC／Fには計上されません。しかし、翌年度には13ヶ月分の計上が行われ、営業CFは大きくぶれることになります。

このため、C／Fは単年度でみるよりもある程度のスパンで見たほうがわかりやすいようです。図表Ⅵ-⑨では6年間の推移と累計額を示しています。

有価証券報告書から入手できる財務諸表の情報は最大で6年間です。

（1）6年間の要約C/Fを図にする

　私はC/Fの構造を頭に入れるために、絵にするようにしています。

　営業CFと投資CFを示し、その差額としてのFCFを左サイドに示しています。右サイドには、財務CFとその内訳を記載します。財務CFとFCFの差額がNCF（ネットキャッシュフロー）になります。NCFには「現金及び現金同等物に係る換算差額」等の増減額も含まれます。

　絵を描くことにより、C/Fの理解が深まります。

図表Ⅵ-⑩　キヤノンの財務戦略分析（2010～2015年度）

営業CF 3.16兆円
・当期純利益 1.48兆円
・減価償却費等 1.61兆円
・その他 0.08兆円

投資CF ▲1.78兆円
・事業投資 ▲1.80兆円
・財務投資 0.02兆円

FCF 1.38兆円

現金等の純増減等 ▲0.21兆円

財務CF ▲1.59兆円
資金調達・返済 ▲0.12兆円
支払配当 ▲0.91兆円
自己株式 ▲0.51兆円
その他 ▲0.06兆円

	指標	2010年～2015年度	算式（兆円）
投資政策	事業投資／償却費倍率	1.12倍	1.80÷1.61
資金政策	資金調達・返済／営業CF	▲3.7%	▲0.12÷3.16
株主還元政策	配当性向（支払配当／当期純利益）	61.5%	0.91÷1.48
	総還元性向	96.1%	(0.91+0.51)÷1.48

　それでは、**図表Ⅵ-⑩**での財務戦略の分析指標を使った財務戦略の分析方法を紹介しましょう。

（2）FCFプラスの経営を実現

　まずは、FCFプラスの経営ができているかを確認します。

　営業CF3.16兆円に対し、投資CFは▲1.78兆円です。FCFは1.38兆円のプラスです。ただし、事業投資を惜しんでいないかを確認することが必要です。そのためには、投資CFから投資政策を分析する必要があります。

6章　財務諸表の向こうに戦略が見える

▶ 2-2. 事業投資／償却費倍率で投資政策を分析する

投資政策は、**図表Ⅵ-⑪**に示すように事業投資を積極投資、維持投資、消極投資の3つに分析します。図表Ⅵ-⑪に簡単な事例で示しています。

図表Ⅵ-⑪　投資政策は事業投資と償却費を比較し判断する

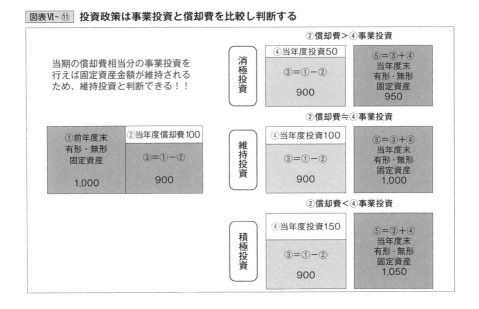

（1） 減価償却費相当額の投資は維持投資

投資水準を把握する時に役立つのが減価償却費です。減価償却を行うと、その分だけ固定資産の評価額は減少します。図表Ⅵ-⑪では、当期に100の減価償却を行っています。減価償却を行うと、その金額分だけ固定資産金額は減額され1,000の帳簿残高は900となります。

仮に減価償却費相当額の投資（図表Ⅵ-⑪では中央の100の投資）を行えば、固定資産の水準を一定（1,000）に保つことが可能です。減価償却費相当額の事業投資を維持投資、減価償却費以上の事業投資は積極投資、減価償却費以下の事業投資は、固定資産金額が前期よりも減少するので消極投資です。

164

(2) 事業投資／償却費倍率で判断する

償却費(減価償却費にのれんの償却費を含む)の何倍の事業投資を行っているかを示す指標を、私は「事業投資／償却費倍率」と呼んでいます。

償却費に対しプラスマイナス10％前後は維持投資と判断し、減価償却費の1.1倍以上の投資をしていれば積極投資、0.9倍未満であれば消極投資と判断しています。

(3) キヤノンは積極投資を実施(6年間累計)

キヤノンのこの6年間の償却費は1.61兆円となります。これに対し、事業投資額は1.80兆円と約1.12倍の事業投資／償却費倍率となっています。

かろうじて1.1倍を超えているので積極投資といえます。

1998年度以降の年度別にみると**図表Ⅵ-⑫**のとおりです。2009年度以降は積極投資から維持投資に切り替え、2015年度に多額の投資を行っているため、この6年間累計では積極投資になっていることがわかります。2015年度に大きな投資政策の変更があったことがわかります。

図表Ⅵ-⑫　**キヤノンの投資政策推移**

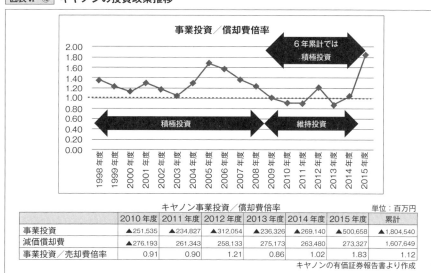

キヤノン事業投資／償却費倍率　　　　　　　　単位：百万円

	2010年度	2011年度	2012年度	2013年度	2014年度	2015年度	累計
事業投資	▲251,535	▲234,827	▲312,054	▲236,326	▲269,140	▲500,658	▲1,804,540
減価償却費	▲276,193	261,343	258,133	275,173	263,480	273,327	1,607,649
事業投資／売却費倍率	0.91	0.90	1.21	0.86	1.02	1.83	1.12

キヤノンの有価証券報告書より作成

▶ 2-3. 資金政策を判断する

　資金調達の方法には有利子負債による方法と出資、すなわち増資による方法があります。これを図で示したのが**図表Ⅵ-⑬**です。有利子負債はB／Sの負債の部に、株主の出資金額は払込資本として純資産の部に記載されています。

　これらの金額の増減額がC／Fに記載されるため、その増減額がプラスであれば資金調達、マイナスであれば資金返済と判断できます。

図表Ⅵ-⑬　**資金政策は調達か返済かで単純に判断する**

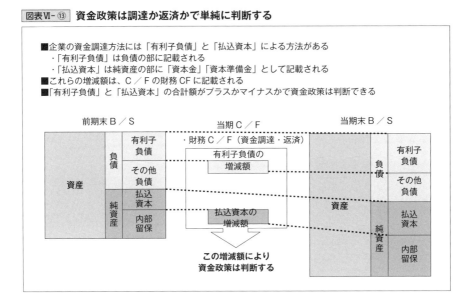

（1）資金維持政策か否かを見分ける

　図表Ⅵ-⑩のキヤノンの資金調達・返済額は▲0.12兆円です。▲であることは、資金を返済していることを示します。しかし、金額はわずか0.12兆円です。営業CF3.16兆円の3.7％です。5％未満の金額です。

　実質的にはキヤノンは無借金経営です。しかし、銀行との付き合いもあり、借り入れをわずかに行っているようです。このため営業CFのプラスマイナス5％以内の資金返済や調達は資金維持政策と割り切ります。

▶ 2-4. 株主還元政策は「配当性向」「総還元性向」で判断する

株主還元政策を判断するのに有効な指標に「配当性向」と「総還元性向」があります。

図表Ⅵ-⑭ 分析指標17：配当性向／分析指標18：総還元性向

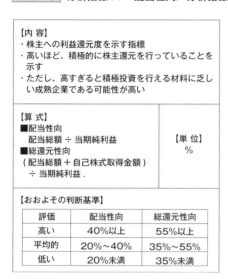
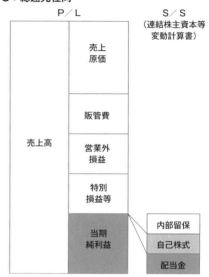

（1）配当性向は当期純利益に占める支払配当の割合

株主が株式投資からリターンを得るには、配当のほかに株価上昇によるキャピタルゲインがあります。株価が上昇するのであれば、株主は利益を配当でもらうより、内部留保として投資資金に充てることを望みます。このため、配当性向は低くなります。

配当が利益に占めるウエイトが配当性向です。日本企業が高度成長した時代には、日本の配当性向は20％、アメリカは30％、ヨーロッパでは40％と教えられた記憶があります。配当性向の平均は20％〜40％と考えて良いでしょう。

図表Ⅵ-⑩で示しているように、この6年間のキヤノンの当期純利益1.48兆円に対し支払配当は0.91兆円で配当性向は61.5％です。株主に積極的に配当していることがうかがえます。

(2) C／Fでは利益と配当の対応関係にズレが生じる

なお、C／Fに記載されている配当金額は、前期分の利益に対する配当です。このため当期利益に対する配当性向を計算するには翌期のC／Fに記載された支払配当により計算する必要があります。

しかし、本書で長期間の配当性向を算定する場合には、影響は小さいと考え、単純に期間累計の当期純利益と支払配当により計算しています。

(3) 総還元性向にも着目する

最近は、配当性向よりも総還元性向が重視される傾向にあります。

自己株式の取得も株主還元策の一つとみなし、利益の何％が株主還元に回されているかを示すのが総還元性向です。

経験的には、配当性向に15％程度上乗せした比率が総還元性向と考えられます。キヤノンのこの期間の支払配当0.91兆円に自己株式の増減0.51兆円を加算し、総還元性向を算出すると96.1％です。利益のほとんどを株主還元に充てていることがわかります。配当性向、総還元性向から株主還元を重視した財務戦略であることがわかります。

3 著名企業の財務戦略分析

▶ 3-1. 財務戦略のパターン分類

日本の著名企業の2010年度～2015年度6年間の累計C／Fを分析し、その財務戦略をパターン化して、該当する著名企業を記載したのが**図表Ⅵ-⑮**です。

財務戦略のパターン化にあたってはFCFと投資政策から大きく4つに区分しています。横軸ではFCFがプラスかマイナスか、縦軸では投資政策について事業投資／償却費倍率を使い、積極投資と維持投資・消極投資に区分しています。

図表Ⅵ-⑮ 財務戦略の4つの基本パターン

		FCF	
		−	＋
投資政策	積極投資	ソフトバンク、クボタ、三井物産、三井不動産、トヨタ自動車、楽天、武田薬品、ソニー、日産自動車 リスクテイキング型	大和ハウス、三菱商事、大塚ホールディングス、小野薬品、ファナック、ヤフー、伊藤忠、セブン&アイ、アステラス製薬、日本電産、SMC、ファーストリテイリング、コマツ、ホンダ、村田製作所、三菱地所、ダイキン、ブリヂストン、デンソー、JR東日本、三菱電機、セコム、KDDI、富士重工、キヤノン 　　　　　　　　　　　ロイヤルロード型
	維持・消極投資	任天堂 再構築型	NTT、京セラ、信越化学、日立製作所、NTTドコモ、キーエンス、JR東海、新日鐵住金、JT、富士フイルム、花王、OLC、パナソニック、エーザイ、中外製薬 　　　　　　　　　財務キャッシュフロー重視型

（2010年度～2015年度のC／F分析）

（1）積極投資を行った上で、FCFプラスの経営を実現しているロイヤルロード型

積極投資を行なったうえで、FCFがプラスの経営を実現できていることが理想的です。理想的という意味でロイヤルロード型と名付けています。

5年間の累計C／Fから事業投資対償却費倍率を算定し、1.1倍以上の会社を積極投資会社とし、1.1倍未満を維持・消極投資会社としました。

図表Ⅵ-⑮では右上に位置づけています。さすがに著名企業の大和ハウスをはじめ50社中25社がロイヤルロード型に位置づけられます。

(2) 資金調達し、積極投資を行なっているリスクテイキング型

リスクテイキング型は積極投資を行なっているがFCFはマイナスの会社です。営業CFでは賄いきれず、借金等により調達した資金を投資につぎ込んでいる会社です。

図表Ⅵ-⑮では左上の会社で、ソフトバンクを筆頭に9社が位置づけられます。リスクの内容やレベルを評価することがポイントとなります。

(3) 資金返済・蓄積や株主還元を重視している、財務CF重視型

財務CF重視型に位置付けられるのは、FCFはプラスですが、事業投資が維持ないし消極投資となっている会社です。投資よりも財務CFを重視している会社です。

NTTをはじめ15社がここに位置づけられます。ただし、財務CF重視といっても資金政策や株主還元政策の違いにより、さらにいくつかのパターンに分かれます。このため何を重視しているのか、それはなぜなのかを把握することがポイントとなります。

(4) 維持・消極投資にもかかわらずFCFがマイナスとなっている再構築型

維持・消極投資にもかかわらず、FCFがマイナスなわけですから、過去の投資が活かされておらず、営業CFが稼げていないことになります。

株式時価総額が高い会社では珍しいパターンですが、任天堂がこのパターンに位置づけられました。

以上は大きな財務戦略のパターン化です。どのパターンに属するかで、将来の成長性は異なった評価になるはずです。上記のパターンごとに代表的企業を抜き出し、更にこの6年間の分析をしてみましょう。

▶ 3-2. 財務戦略パターンごとの代表企業分析

ここではロイヤルロード型からファナック、リスクテイキング型からはソフトバンク、財務キャッシュフロー重視型からNTTドコモ、JR東海そしてキーエンス、再構築型からは任天堂を取り上げ、財務戦略をより具体的に確認してみます。

図表VI-⑯ 財務戦略パターンごとの代表企業分析（2010年～2015年度）

単位：10億円

パターン区分		計算式	ロイヤルロード型	リスクテイキング型	財務CF重視型			再構築型
会社			ファナック	ソフトバンク	NTTドコモ	JR東海	キーエンス	任天堂
営業CF		①	915	5,335	6,503	3,195	480	35
	当期純利益	②	862	2,971	2,849	1,323	534	77
	償却費	③	108	4,405	4,082	1,546	19	60
	その他		▲55	▲2,041	▲429	325	▲73	▲102
投資CF			▲247	▲7,551	▲3,862	▲1,517	▲366	▲427
	事業投資	④	▲237	▲6,709	▲4,208	▲1,472	▲20	▲60
	財務投資		▲10	▲842	346	▲45	▲347	▲366
FCF			668	▲2,217	2,641	1,678	115	▲391
財務CF			▲356	4,000	▲2,649	▲1,439	▲32	▲297
	資金調達返済	⑤	0	4,727	▲406	▲1,227	0	0
	支払配当	⑥	▲335	▲369	▲1,448	▲126	▲30	▲204
	自己株式の増減	⑦	▲20	▲292	▲801	0	▲2	▲92
	その他		▲2	▲67	5	▲86	0	▲1
換算差額等			21	99	5	0	2	15
NCF			333	1,882	▲3	239	85	▲673
2009年度現預金等残額			499	688	358	80	31	931
2015年度現預金等残高			832	2,570	354	318	116	258
事業投資／償却費倍率		④÷③	2.20	1.52	1.03	0.95	1.04	1.00
資金調達・返済／営業CF		⑤÷①	0.0%	88.6%	▲6.2%	▲38.4%	0.0%	0.0%
配当性向		－⑥÷②	38.9%	12.4%	50.8%	9.5%	5.5%	266.0%
総還元性向		－(⑥+⑦)÷②	41.1%	22.2%	78.9%	9.5%	5.9%	386.3%

各社の2010年～2015年度の有価証券報告書より作成

図表VI-⑯からコメントができるでしょうか。

ちょっと考えてみてください。次頁以降に解説を記載しています。

なお、当期純利益はすべて経済的単一説に基づく非支配株主持分控除前の当期純利益にしています。また、配当性向や総還元性向は単純に6年間の当期純利益累計額と支払配当金額に基づき算定しています。

▶ 3-3. ロイヤルロード型のファナック

ファナックは事業投資／償却費倍率が2.0倍を超えたうえでFCFプラスの経営を実現しています。その要約C／Fを図示したのが**図表Ⅵ-⑰**です。

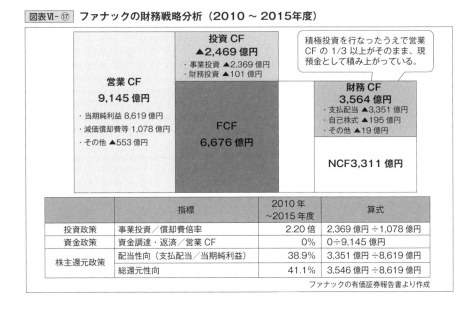

図表Ⅵ-⑰ ファナックの財務戦略分析（2010 ～ 2015年度）

ファナックの有価証券報告書より作成

①積極投資を行ったうえで巨額のNCFが積み上がっているファナック

絵にして驚くのは、そのNCF（ネットキャッシュフロー）の大きさです。

なんと9,145億円の営業CFのうち、1/3以上に相当する3,311億円が現預金として積み上がっています。

投資政策は事業投資／償却費倍率は2.20倍と超積極投資と言えます。また、配当性向も38.9％と低いわけではありません。積極投資を行ったうえで、営業CFの1/3を現預金として積みあげている超キャッシュフロー優良会社がファナックです。

ただし、2015年３月期より配当の基本方針を連結配当性向60％とし、総還元性向80％の範囲で自社株買いも機動的に行うと株主還元政策を大きく変更しています。機関投資家からの圧力によるものです。目的が不明瞭な内部留保は認められず、利益は配当するというのが株式会社の原則です。原則に基づく処理

が徹底されたといえます。

▶ 3-4. リスクテイキング型の代表例がソフトバンク

ソフトバンクの6年間のC／Fを図示したのが**図表Ⅵ-⑱**です。

図表Ⅵ-⑱ ソフトバンクの財務戦略分析（2010～2015年度）

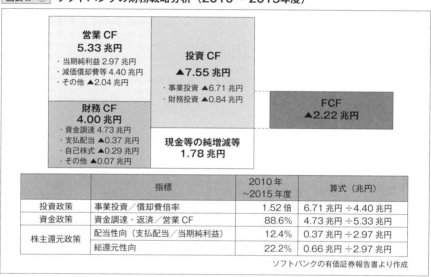

	指標	2010年 ～2015年度	算式（兆円）
投資政策	事業投資／償却費倍率	1.52倍	6.71兆円÷4.40兆円
資金政策	資金調達・返済／営業CF	88.6%	4.73兆円÷5.33兆円
株主還元政策	配当性向（支払配当／当期純利益）	12.4%	0.37兆円÷2.97兆円
	総還元性向	22.2%	0.66兆円÷2.97兆円

ソフトバンクの有価証券報告書より作成

（1）レバレッジを最大限活かした積極投資

①営業CFを大幅に上回る投資を実施

6年間で5.33兆円の営業CFを稼ぎだしたソフトバンクですが、▲7.55兆円を投資CFに投入しています。事業投資／償却費倍率は1.52倍と積極的に事業投資を行っています。このため、FCFは▲2.22兆円となっています。

②4.73兆円の資金調達により現預金が1.78兆円増加

4.73兆円の資金調達をしていますが、そのうち1.78兆円は現預金の増加となっており、不思議です。2016年7月にソフトバンクは、英国の半導体設計ARMホールディングスを約240億ポンド（約3.3兆円）で買収すると発表しました。すでにこれを見越した資金調達とも考えられます。

6章　財務諸表の向こうに戦略が見える　173

③消極的な株主還元

圧倒的な成長率を誇っているため、株主還元政策は消極的です。株主も配当より株価上昇を期待しますから、株主還元が消極的なのは当然といえます。

（2）積極投資の成果は？

どこに投資しているのか、その成果はどうなっているのかを分析するのには、事業セグメント情報が必要です。ここでは売上の推移を**図表Ⅵ-⑲**に示しています。また、レバレッジの状況がわかるように自己資本比率も示しています。

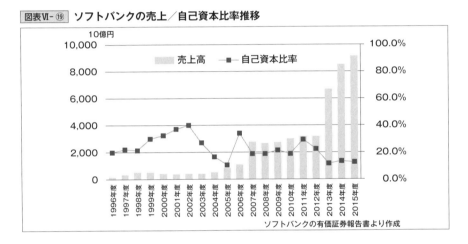

図表Ⅵ-⑲　ソフトバンクの売上／自己資本比率推移

売上は非連続的に階段のように伸びているのが図表Ⅵ-⑲からわかります。M＆Aが売上拡大に大きく貢献しているためです。飛躍的に成長したのが、2007年度です。前年のボーダフォン日本法人買収の効果です。ボーダフォン日本法人（売上高1兆4700億円）を1兆7,820億円で買収しました。売上は1.1兆円から2.8兆円へ130％の増加となっています。

次が2013年度の米国携帯電話3位のスプリントの買収です。株式の78％を1兆8000億円で買収し、2013年度の売上高は前年度の3.2兆円から6.7兆円へ倍増しています。これらの大型買収により自己資本比率は低下しています。先ほど述べたように、ARMホールディングスの買収によって、さらなる自己資本比率の低下が予想されます。

▶ 3-5. 財務CF重視型には3つのパターンがある

財務CF重視型と位置づけているのがJR東海、NTTドコモ、キーエンスの3社です。ただし、財務CF重視型と言っても財務政策は異なります。

(1) 資金返済重視型

資金返済を重視しているのがJR東海です。6年間の営業CF3.19兆円のうち、1.22兆円を資金返済に充当しています。

図表VI-⑳　JR東海の財務戦略分析（2010～2015年度）

営業CF 3.19兆円
・当期純利益 1.32兆円
・減価償却費等 1.55兆円
・その他 0.33兆円

投資CF ▲1.52兆円
・事業投資 ▲1.47兆円
・財務投資 ▲0.05兆円

FCF 1.68兆円

財務CF ▲1.44兆円
・資金返済 ▲1.22兆円
・支払配当 ▲0.13兆円
・その他 ▲0.09兆円

現金等の純増減等 ▲0.24兆円

	指標	2010年〜2015年度	算式
投資政策	事業投資／償却費倍率	0.95倍	1.47兆円÷1.55兆円
資金政策	資金調達・返済／営業CF	▲38.4%	▲1.22兆円÷3.19兆円
株主還元政策	配当性向（支払配当／当期純利益）	9.5%	0.13兆円÷1.32兆円
	総還元性向	9.5%	0.13兆円÷1.32兆円

JR東海の有価証券報告書より作成

1990年代のバブル以降、多くの日本企業が採用してきたのが、この資金返済重視の財務戦略です。自己資本比率が低ければ、資金返済を重視するのは当然です。自己資本比率が極端に低くもなく、かつ成長率に問題があれば、積極的な投資が求められる会社です。もっとも将来の中央新幹線の開発に向けた、財務構造の健全化とも読めます。

(2) 株主還元重視型

　NTTドコモの6年間の支払配当は1.45兆円、自己株式の取得には0.8兆円を支出しており、資金返済0.41兆円を大きく上回っています。株主還元重視型の財務CFとなっています。

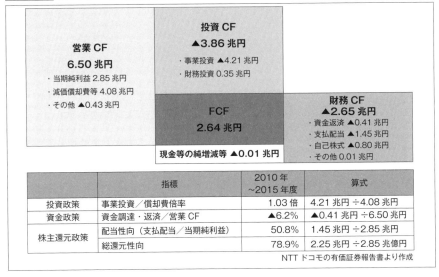

図表Ⅵ-㉑　NTTドコモの財務戦略分析（2010〜2015年度）

	指標	2010年〜2015年度	算式
投資政策	事業投資／償却費倍率	1.03倍	4.21兆円÷4.08兆円
資金政策	資金調達・返済／営業CF	▲6.2%	▲0.41兆円÷6.50兆円
株主還元政策	配当性向（支払配当／当期純利益）	50.8%	1.45兆円÷2.85兆円
	総還元性向	78.9%	2.25兆円÷2.85億円

NTTドコモの有価証券報告書より作成

①維持投資政策、資金維持政策

　事業投資／償却費倍率は1.03倍で維持投資政策です。NTTドコモの自己資本比率は70％を超えており、有利子負債よりも現預金残高が多い実質無借金経営です。このため、資金返済が営業CFに占める割合は5％を超えていますが、実質的には資金維持政策と判断できます。

②積極的な株主還元

　国内市場が主力であることから、株主としては成長性に基づく株価上昇を望めません。このため配当等への圧力が強まり、積極還元策を採用しているのが特徴です。配当性向は50.8％、総還元性向は78.9％となっています。

（3）資金蓄積型

ご存知のとおりキーエンスは超優良企業です。この6年間の営業CF4,742億円に対し投資CFが▲3,641億円でFCFは1,102億円となっています。積極投資を行っているようにみえますが、なんと投資CFのほとんどは財務投資です。

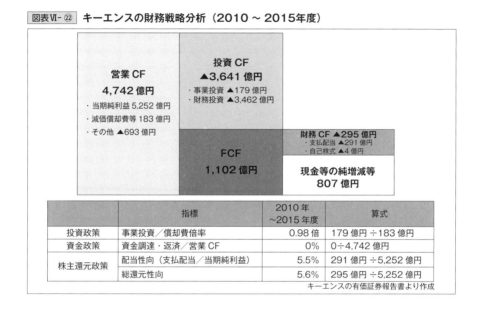

図表Ⅵ-㉒ キーエンスの財務戦略分析（2010～2015年度）

図表Ⅵ-㉒からは資金蓄積型にはみえないかもしれません。キーエンスのように財務投資が多く投資CFが膨らんでいる会社は、現預金が積み上がっている会社同様に資金蓄積型に位置づけます。

この資金蓄積型に位置づけられる企業は、成長性を含め、業績が良い企業が多いのが特徴です。資金蓄積の必要性は薄く、配当による株主還元があっても良いように思えます。しかし、成長性が高く、株価が上昇しているため、配当に対する投資家からの圧力が低い状況と推察されます。

先ほどのファナックと異なり、キーエンスの株主還元政策は消極的で、まだ株主還元政策を見直すとの発表はないようです。

▶ 3-6. CFからは再構築型に位置づけられる任天堂

著名企業でただ1社、維持投資にもかかわらずFCFがマイナスになっているのが任天堂です。2008年度には売上1兆8,390億円、経常利益4,490億円を誇っていましたが、2014年度は売上5,500億円、経常利益は710億円となっています。ゲーム機ではなくスマホ等でゲームを楽しむ人が増えたためです。

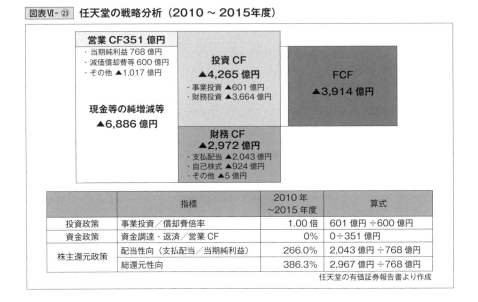

図表Ⅵ-㉓ 任天堂の戦略分析（2010～2015年度）

任天堂の有価証券報告書より作成

この6年間累計の営業CFはわずか351億円です。

図表Ⅵ-㉓からは手持ちの現預金が大幅に減少し、財務投資と支払配当等に使われていることが読み取れます。

また、潤沢な現預金を財務投資に投入し、営業外収益を稼ぎ出す財務投資政策に転換したことも読み取れます。通常の企業であれば、営業CFがマイナスというのは極めて危機的な状況です。しかし、任天堂は自己資本比率が80％を超える超健全企業ですから、財務構造的には余裕があります。

更に『ポケモンGO』のスマートフォン向け配信による連結業績への影響も興味深いところです。もっとも同社は、当社の連結業績に与える影響は限定的ですとの発表をしています。

4　財務戦略の転換点をつかめ

　財務戦略のパターンがわかれば、ぜひ会社のキャッシュフローを長期的に分析し、どのように財務戦略を転換してきているかを把握してください。
　先ほどの事例では単純に6年間の累計額を分析対象としましたが、実際には長期間のC/F計算書を分析し、財務戦略がいつからどのように変わったかを把握することが重要となります。ここではキヤノンを事例に15年間のC/Fからどのように財務戦略を転換してきたかを確認してみましょう。

▶ 4-1.　投資政策の転換点

　図表Ⅵ-㉔では営業CFと投資CFを記載しています。投資CFはマイナス値ですが、グラフではプラスで表示しています。営業CFと投資CFの差異額がFCFとなります。

図表Ⅵ-㉔　**キヤノンのFCF推移**

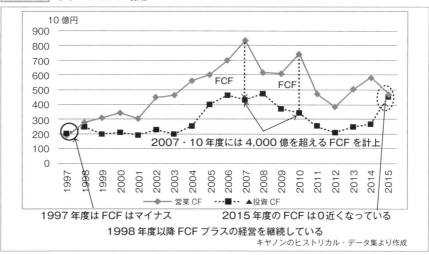

キヤノンのヒストリカル・データ集より作成

（1）投資を抑制しFCFを拡大（1997年度～2003年度）

　1995年に御手洗会長は社長就任していますが、その2年後である1997年度からのFCFの推移です。1997年度のFCFはマイナスとなっていますが、翌年の

6章　財務諸表の向こうに戦略が見える　179

1998年度以降FCFプラスの経営が実現されていることがわかります。

（2）営業CFの急拡大に伴い投資CFを拡大（2004年度～2008年度）

営業CFのピークは2007年度で、4,000億円を超えるキヤノン史上最高のFCFを計上しています。投資CFのピークは2008年度で、その後投資CFは縮小しています。

（3）営業CFの低下に伴い投資CFを押さえFCFを維持（2009年度～2014年度）

2010年度に営業CFは回復傾向を示しましたが長続きはせず、営業CFは低下傾向にあります。営業CFの低下はリーマンショックの影響だけではないようです。営業CFの低下に伴い、投資CFを削減し一定のFCFを維持しています。

（4）投資政策に変化？

キヤノンというと自力での技術開発にこだわる会社のイメージがありましたが、ここにきて矢継ぎ早に大規模なM&Aを行っています。

①アクシスコミュニケーションズの買収

FCFに変化があったのが2015年度です。投資CFが5,000億円近くまで増加しています。これはネットワークカメラの世界最大手、スウェーデンのアクシスコミュニケーションズを約3,300億円で買収したためです。アクシスの2014年12月期の売上高は約770億円です。

②東芝メディカルシステムズの買収

2016年度には世界4位の医療機器メーカーである東芝メディカルシステムズを6,655億円で買収しました。

2016年3月期のP／Lによれば売上2,913億円、営業利益は82億円、経常利益216億円、当期純利益164億円です。またB／Sでは総資産額2,498億円、純資産635億円（自己資本比率25％）となっています。

▶ 4-2. 財務CFの転換点

キヤノンは生み出したFCFをどのように使ったのでしょうか。財務CFの内訳推移を示したのが**図表Ⅵ-㉕**です。

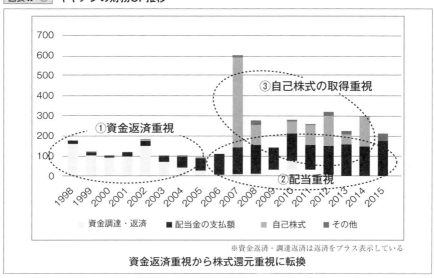

図表Ⅵ-㉕ キヤノンの財務CF推移

資金返済重視から株式還元重視に転換

（1）資金返済重視（2005年度まで）

2005年度までの配当政策は消極的で、自己株式も取得しておらず、FCFを資金返済に充当していることがわかります。

この資金返済により1998年度には5,800億円を超えた有利子負債は、2005年度にはわずか320億円程度にまで減少しています。もっとも1999年度には現預金の金額が有利子負債を上回り、実質的には無借金経営となっています。

（2）配当重視に転換

2006年度以降は配当や自己株式の取得にFCFを使っていることがわかります。資金返済から株主還元重視政策に転換しています。

(3) 自己株式を取得するとROEは上昇する

　自己株式を取得すると資産ではなく、純資産のマイナスとして表示されます。

　このため、自己資本比率は低くなります。しかし、ROAと並ぶ生産性指標であるROE（当期純利益÷純資産）は、分母である純資産が少なくなるために高くなります。

　取得した自己株式の使いみちとしては、消却、売却、さらにはM＆Aでの活用等が考えられます。最も多いケースは消却です。市場で流通する株式の絶対数が減少することになります。株価が買った時よりも上昇すれば、自己株式を売却することも可能です。しかし、自己株式の売却は損益取引でなく、資本取引に該当するため、売却益をP／Lに計上することはできません。

(4) FCF重視の経営

　キヤノンのC／Fを分析すると、投資政策が大きく変化していることがわかります。2009年度からは積極投資政策から維持ないし消極投資政策に転換し、それが最近また積極投資政策へと見直されています。また、株主還元政策は2006年度以降、積極還元に転換しています。

　消極投資政策への転換は、FCF重視の経営を貫いてきた結果といえます。特に2007年度以降は営業CFが下降局面に入るのですが、投資CFを縮小しFCFを維持する政策をとってきました。ところが、2015年度は積極投資への転換により、FCFはマイナスとはならないものの、限りなく0に近づいています。

　最後に、近年はFCFプラスの経営と言われるのですが、その実態を各社のFCFにより分析してみたいと思います。

▶ 4-3. 著名企業9年間のFCF推移

図表Ⅵ-㉖は著名企業9年間のFCF推移を示しています。9年間の累計FCFが多い順に記載しています。

図表Ⅵ-㉖　著名企業のFCF推移（2007年度～2015年度）

単位：10億円

会社	2007年度	2008年度	2009年度	2010年度	2011年度	2012年度	2013年度	2014年度	2015年度	9年間累計
NTT	1,100	244	509	779	537	677	621	523	952	5,943
NTTドコモ	801	143	19	832	136	230	297	312	834	3,604
JR東海	234	167	158	202	178	250	310	307	431	2,237
キヤノン	407	144	241	402	213	171	257	315	21	2,172
パナソニック	405	▲353	199	266	▲340	355	594	353	124	1,604
セブン＆アイ	228	170	207	▲2	120	50	168	146	153	1,242
JR東日本	75	188	87	76	188	123	88	146	174	1,144
新日鐵住金	88	▲179	25	44	11	▲14	378	447	321	1,120
JT	▲1,524	210	236	281	448	319	233	495	405	1,103
KDDI	▲12	▲63	▲184	277	241	51	226	333	217	1,085
富士重工	62	▲99	114	87	28	95	279	139	359	1,064
アステラス製薬	179	169	119	▲142	147	96	187	116	167	1,037
三井物産	311	292	452	20	▲57	▲299	▲211	254	179	941
三菱電機	127	▲34	196	182	▲81	▲71	310	180	111	920
日立製作所	103	9	268	581	252	30	▲243	▲161	81	919
ファナック	113	70	42	116	102	115	109	198	28	893
花王	128	78	128	120	76	53	121	81	107	892
デンソー	209	▲24	202	68	▲95	106	95	272	8	840
ブリヂストン	▲44	▲156	150	77	▲25	167	207	123	321	820
ヤフー	65	34	133	79	87	191	126	58	▲5	767
富士フイルム	38	57	184	69	▲51	59	167	143	66	732
コマツ	33	▲67	109	62	▲19	83	152	162	171	686
三菱商事	▲38	▲141	623	69	▲550	▲338	81	643	196	546
信越化学	▲46	56	69	85	7	116	13	76	115	492
ファーストリテイリング	72	25	65	31	92	36	37	54	62	473
京セラ	213	▲104	88	▲2	53	43	48	37	87	465
任天堂	566	113	148	▲76	▲259	49	▲43	▲45	▲17	435
村田製作所	41	58	14	▲28	11	32	69	169	47	413
日産自動車	475	317	681	336	11	▲426	▲352	▲329	▲302	410
セコム	30	53	78	28	51	40	28	66	7	380
OLC	▲2	84	49	49	17	47	97	37	▲8	371
ダイキン	27	▲37	89	55	▲18	▲115	99	83	121	304
小野薬品	44	55	38	41	22	23	35	19	26	303
中外製薬	53	25	46	▲5	54	23	40	23	18	277
SMC	29	9	18	47	4	9	23	66	68	273
日本電産	59	23	50	▲24	37	▲24	24	11	52	208
エーザイ	▲403	50	38	64	88	95	112	57	89	191
楽天	98	▲54	162	30	84	172	32	▲149	▲146	168
キーエンス	5	10	16	▲11	4	5	9	10	97	146
伊藤忠	0	▲49	98	104	▲203	33	158	128	▲138	130
武田薬品	394	▲441	264	228	▲757	205	▲5	274	▲46	115
ホンダ	▲559	▲750	948	365	88	▲269	▲472	180	516	48
クボタ	18	▲97	88	34	5	▲30	▲21	▲31	67	33
大塚ホールディングス	—	▲155	114	▲44	40	28	118	60	▲166	▲5
三菱地所	▲228	▲169	100	192	▲69	▲98	203	154	▲95	▲8
大和ハウス	▲139	▲90	▲5	44	132	24	▲162	▲96	76	▲216
三井不動産	▲294	▲183	20	15	24	29	146	▲231	▲208	▲684
トヨタ自動車	▲893	247	▲292	▲92	10	▲576	▲690	▲128	1,278	▲1,136
ソニー	▲153	▲674	163	▲101	▲367	▲229	▲46	115	▲281	▲1,573
ソフトバンク	▲164	182	391	561	365	▲61	▲1,858	▲512	▲711	▲1,808

各社の2016年度有価証券報告書より作成

（１）長期間FCFプラスの経営を実現している会社は少ない

　９年間の累計FCF1位はNTTでFCFの累計額は5.9兆円です。２位はNTTドコモ、３位はJR東海、そして４位がキヤノンとなっています。

　濃く表現しているのがFCFマイナスの年度です。９年間FCFがすべてプラスの会社は薄く表現していますが、上記の上位４社のほかに７社、計11社が９年間の全ての年度でFCFプラスの経営を実現しています。他の39社は金額や年度の差はありますが、FCFマイナスの年度があるということです。

　また、FCFプラスの経営を実現している会社にはNTT、NTTドコモ、JR東日本、JR東海が含まれています。これらの会社はご存知のように国内で巨大なビジネスモデルを構築している企業です。あまりにも巨大なビジネスモデルを国内で構築したがゆえに、新たな領域拡大に苦慮している会社ともいえます。

（２）成長のためには短期的にFCFマイナスの年度があるのは当たり前

　もちろんファーストリテイリングやファナックのように圧倒的に高い収益力を誇るビジネスモデルを背景に急成長し、巨額の営業CFを実現しているためにFCFがプラスになっている会社もあります。ただし、これが今後も続く保証がないことは、多くの事例が証明しています。

　FCFプラスの経営といいますが、単純にFCFプラスの経営を長年続けているからと安心はできません。これを金科玉条にして経営することは投資を絞り成長のチャンスを逃すという、大きなリスクを背負うことにもなりかねないのです。

（３）９年間の累計FCFがマイナスの会社

　９年間の累積FCFがマイナスの会社が７社あります。トヨタ自動車とソニーは金融事業を有しているため、FCFがマイナスになっているといっても少し意味合いが異なります。ソフトバンク、三井不動産、大和ハウスは９年間のFCFのマイナス金額が大きく、その妥当性の検証が必要です。ポイントは、借入余力視点からの自己統制ができているかです。借入を自己統制するための明確なルールを決めていない会社や、そのルールから逸脱している場合は、取締役・経営幹部として投資にブレーキを利かせることが求められます。

5　財務戦略立案の基本ロジック

▶ 5-1.　将来のための金の使い方を明らかにするのが財務戦略

　財務戦略とは既に述べたように、将来の生存と成長に向けて中長期視点より投資政策、資金政策、株主還元政策の3つのバランスを検討し、必要利益を明らかにすることです。財務戦略として決定すべき事項は**図表Ⅵ-㉗**の3つの政策と必要利益です。

図表Ⅵ-㉗　財政戦略とは何か

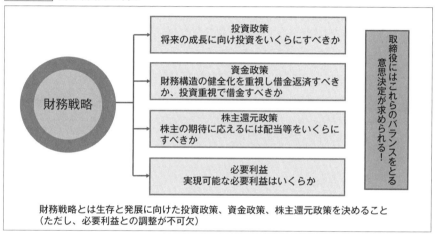

　取締役・経営幹部は財務戦略に対し自分の意見を述べることが求められます。
　これまでの財務戦略を振り返り、今後の企業の存続と成長に向け、どのような財務戦略を採用すべきかを述べるのは、そんなに難しいことではありません。
　財務戦略立案の基本ロジックを押さえ、頭の中で財務戦略をシミュレーションするノウハウを体得すれば良いのです。

（1）財務CF＋投資CF＝必要営業CF

　まず、押さえるべき基本ロジックは、この算式です。
　上記の算式は財務投資CFと投資CFを決めれば、必要営業CFが算定できる

ことを示しています。

　例えば、財務CFは▲10億、投資CFで▲10億が見込まれるのであれば、営業CFは20億ないとバランスしません。

　多額の現預金を持っていれば、上記の算式は成り立ちません。しかし、一般には、現預金を多額に保有している会社は少ないので、上記の算式を基本ロジックとしてまず押さえます。

（２）必要営業CF＝必要利益＋減価償却費±その他

　必要営業CFが算定できれば、最後に必要利益を推定します。必要営業CFは上記の式に分解できるのも既に述べたとおりです。

　上記の式は減価償却費とその他の金額を推定できれば、必要営業利益を算定できることを示しています。

　極めて簡単ですが、以上紹介した２つの算式が財務戦略を立案するための基本ロジックです。この基本ロジックを使いシミュレーションしながら最適な財務戦略を探ります。その具体的な進め方を次に紹介します。

▶ 5-2. 財務戦略の策定手順

　先ほどの考え方に基づく、財務戦略策定の手順を示したのが**図表Ⅵ-㉘**です。A～Eの5項目を入力すれば①～④が算定できるエクセルフォーマットを作成すると便利です。

図表Ⅵ-㉘　財務戦略検討の基本手順

1. 財務戦略の仮説設定
　A：株主還元（配当等）目標　B：資金の返済（調達）目標　C：事業投資目標
　D：その他（運転資金等）の削減目標　E：上記事業投資目標を加味した減価償却費予測

2. 必要（目標）利益シュミレーション

年度	N+1年度	N+2年度	N+3年度	算定方法
営業CF				③＝－（①+②）
目標当期利益				④＝③－E－D
減価償却費				E＝減価償却費予測
その他				D＝その他削減目標
投資CF				②＝C+※
事業投資支出				C＝投資支出目標
事業投資収入				※あれば考慮する
財務CF				①＝A+B
支払配当等				A＝配当等目標
資金調達・返済				B＝調達・返済目標

➡ **3. 必要利益の達成可能性検証**

（1）財務戦略の方針と仮説設定

　まずは、財務戦略の基本方針を決めます。これまでの財務戦略を振り返り、財務戦略の転換の必要性とその方向性を決めます。方向性と言っても難しく考える必要はありません。投資政策、資金政策、株主還元政策を積極・維持・消極のどれを採用するかを決めればよいのです。

　この基本方針に基づき仮説設定を行います。仮説として設定すべき項目は図表Ⅵ-㉘のA～Eまでの5項目です。

　5項目の説明をしますが、ここでは財務戦略策定の基本手順を理解していただくために、財務投資や事業投資の売却収入は無視しています。

①**株主還元（配当）目標**（図表Ⅵ-㉘　A）

　最初に財務CFである配当目標を決めます。配当目標は過去の配当方針や配当金の推移を把握していれば推定できます。もちろん、変更が妥当と考えるのであれば、新たな配当方針とその理由を明確にすべきです。

②**資金の返済（調達）目標**（図表Ⅵ-㉘　B）

　有利子負債があれば、その返済計画はすでに会社にあります。

　したがって、決めるポイントは投資額とそれに伴う資金調達の必要性です。FCFをプラスに評価するのか、思い切って借入余力をフル活用し、積極投資を行うべきと考えるかは、あなたの意思決定次第です。

　資金返済計画に新規調達額を加え、最終的な資金調達・返済額をとりあえず決めます。あまり細部にこだわらず、まずは自分なりの仮説金額を置いてみることです。

③**事業投資目標**（図表Ⅵ-㉘　C）

　最も重要なのが投資政策です。これまでの財務戦略を振り返りながら、これまでどおりの投資政策を維持するのかを決めることがポイントです。

　既存設備の今後の減価償却費は経理が把握しています。この金額を参考に、過去の事業投資／償却費倍率を参考にしながら、事業投資額を決めます。

④**「その他」の目標額**（図表Ⅵ-㉘　D）

　「その他」で問題となるのは、たな卸資産、売上債権、仕入れ債務等のいわゆる運転資金に関わる増減額です。

　これらの目標額は多額のたな卸資産がある等、特段の事情があれば目標額を加えます。そうでない限りは0と見積れば良いでしょう。

　以上の4項目が決まれば、図表Ⅵ-㉘の空欄に金額を記載します。

（2）償却費を推定する（図表Ⅵ-㉘　E）

　最後に入力が必要なのが減価償却費です。既存の固定資産に係る減価償却費は、経理で把握しているため、これに新規投資に関わる償却費を追加する必

要があります。

あなたが考えるおおよその投資内容や金額を伝えれば、追加の償却費を経理が算定してくれます。過年度の有形・無形固定資産に対する償却費の比率により推定してもよいでしょう。

この償却費金額を入力すれば、必要利益が自動的に算定されます。この必要利益が実現可能かを、過年度の利益状況等を参考に検証します。

(3) 実現可能な必要利益がでるまでシミュレーションを繰り返す

一般に当初設定した財務戦略の仮説に基づくシミュレーションでは、達成不能な必要利益が算定されます。ここからが知恵の出しどころです。仮説として提示した数値を変更し、達成が可能な必要利益額になるまでシミュレーションを繰り返すのです。

目標とした事業投資額を確保するために、資金調達を増加するのか、既存の資産等で売却可能なものはないかを検討するのが最初です。

どう考えても難しければ配当金額を減額できないかを検討しますが、これは短期的には難しいでしょう。利益目標を見直すといっても限度があります。

必要投資額そのものを見直すのか、かなり思い切った資金調達を行うかの意思決定が重要になります。

これらの金額を見直しながら、バランスを考慮し、CF計画が策定できれば、目標とする必要利益も明らかになります。慣れれば、暗算でできるようになります。

(4) 必要利益の有効性評価

これまで目標利益ではなく必要利益と述べてきました。

必ずしも、必要利益＝目標利益となるわけではありません。必要利益は財務戦略を成立させるために必要な利益です。

このため、例えばROEが目標としている水準に達しているか否かをチェックし、その有効性を検証する必要があります。

▶ 5-3. 財務戦略が決まれば目指すB／Sは描ける

|図表Ⅵ-㉙| CF計画を描けば目標B／Sは明確になる

		実績						目標	
		X-3年度	X-2年度		X-1年度			X年度	
		B／S	増減	B／S	増減	B／S		増減	B／S
資産	現預金	貸借対照表	キャッシュフロー計算書	貸借対照表	キャッシュフロー計算書	貸借対照表		財務戦略（CF計画）	BS目標
	売上債権 たな卸資産 その他流動資産								
	固定資産								
負債	仕入債務 その他負債								
	有利子負債								
純資産	払込資本								
	内部留保								

これまでの財務戦略分析
・投資政策は？財務政策は？

財務構造分析
・借入余力は？

ここで復習ですが、公表されているキャッシュフロー計算書は、ほとんど間接法で作成されていましたね。間接法では2期間のB／Sから各科目の差額を求め、その増減額を勘定科目に応じ営業CF、投資CF、財務CFに区分し作成します。

図表Ⅶ-㉙は上記の関係をイメージしたものです。これを用いてCF計画を策定すれば、B／Sの目指す姿は必然的に明らかになるのは理解いただけると思います。

財務戦略を策定すれば、その結果としてB／S目標は設定されます。

6章-2
事業セグメント情報から企業戦略とその成果を読む

1 マネジメント・アプローチに変わった事業セグメント情報

▶ **1-1. 事業セグメント情報とは**

　C／Fから財務戦略を分析することにより、投資政策が読み取れることは理解できたと思います。次に知りたいのは、その投資がどの事業に行われ、成果に結びついているかです。まさに企業戦略の問題といえます。

　このような企業戦略やその成果は公表されている有価証券報告書から知ることができます。情報源は有価証券報告書に記載されている「事業の種類別セグメント情報（事業セグメント情報）」です。

（1）セグメントとは

　セグメントとは、一般に部分、断片、分割と訳されます。企業戦略では投資を重点資源配分することが求められます。どこへの投資を重点的に行うか、選択と集中の意思決定が企業戦略の本質的な課題です。

　企業戦略を明確にするには、その前提として事業を区分（セグメント）することが不可欠です。区分されていなければ選択のしようがありません。そのうえで事業セグメントごとの評価を行い、事業の選択と集中に関わる意思決定を行います。評価は市場性や競争力等の視点から行います。

（2）情報公開を徹底するためにマネジメント・アプローチに変更

　この事業セグメント情報に最近、大きな変化が生じました。マネジメント・アプローチの採用です。2011年4月以降に終了する年度から適用されています。

　以前は事業のセグメント情報を他社比較との関連もあり、日本標準産業分類等により行っていました。しかし日本標準産業分類等では、同一事業に属するという理由で事業セグメント情報を公表しない企業が多かったため、マネジメント・アプローチに変更したのです。マネジメント・アプローチでは会社が実

際に意思決定や業績評価で使用している管理会計情報を用いて公開することになります。

企業サイドからは、管理会計情報の公開は企業戦略そのものを公開することにつながるとの理由から、多くの反対意見が出ました。しかし、投資家に対し適正な情報を提供するメリットの方が大きいという理由が勝り採用されました。

(3) キヤノンの事業セグメント

再びキヤノン株式会社の事例を用いて説明します。**図表Ⅵ-㉚**はキヤノンの新旧事業セグメントの比較図です。主要製品分野の位置づけを示しています。

図表Ⅵ-㉚　キヤノン事業セグメントの新旧比較

■新旧セグメント別の該当製品を示すと下図のとおり
　・大きな変化としては事務機に含まれていたインクジェットプリンターが新セグメントではイメージングシステムに含められるようになった

旧セグメント	新セグメント	マネジメント・アプローチ		
		オフィス	イメージングシステム※	産業機器その他
産業別分類	事務機	オフィスネットワーク複合機、カラーネットワーク複合機、パーソナル複合機、オフィス複写機、カラー複写機、パーソナル複写機、レーザープリンター	インクジェット複合機、単能インクジェットプリンター、イメージスキャナー	コンピューター、ハンディターミナル、ドキュメントスキャナー、電卓等
	カメラ		デジタル一眼レフカメラ、コンパクトデジタルカメラ、交換レンズ、デジタルビデオカメラ等	
	光学機器及びその他	大型インクジェットプリンター	放送用テレビレンズ等	半導体用露光装置、液晶用露光装置、放送局用テレビレンズ、医療画像記録機器、大判プリンタ、磁気ヘッド、マイクロモーター等

※「イメージングシステム」は一時「コンシューマー」と呼称　　キヤノンの有価証券報告書等を基に作成

キヤノンでは、マネジメント・アプローチの採用に伴い「事務機」「カメラ」「光学機器及びその他」の3区分から、「オフィス」「イメージングシステム」「産業機器その他」の3区分へ変更しました。

旧事務機セグメントのインクジェットプリンターは「イメージングシステム」に、コンピュータ、ハンディターミナル等のビジネス情報機器分野が「産業機器その他」に移管されたのが大きな変更といえます。

▶ **1-2. 事業セグメント情報の分析手法**

それではキヤノンの事業セグメント別情報から、具体的にどんな情報を得ることができるかをみてみましょう。

図表Ⅵ-㉛ 企業戦略とその成果を知る

キヤノンの事業セグメント情報（2015年度） （単位：百万円）

	オフィス	イメージシステム	産業機器その他	消去又は全社	連結
売上高					
外部顧客向け	2,108,246	1,262,667	429,358	―	3,800,271
セグメント間取引	2,570	1,168	95,293	▲99,031	―
計	2,110,816	1,263,835	524,667	▲99,031	3,800,271
売上原価及び営業費用	1,820,230	1,080,396	537,730	6,705	3,445,061
営業利益	290,586	183,439	▲13,079	▲105,736	355,210
総資産	1,020,758	452,283	332,252	2,622,480	4,427,773
減価償却費	86,206	52,070	45,064	89,987	273,327
資本的支出	73,819	38,337	24,241	106,733	243,130

■減価償却費及び資本的支出（＝投資CF）から事業セグメントごとの投資政策を把握できる
・どの事業に重点的な資源配分を行っているか

■事業セグメントごとの業績から、企業戦略の成果を把握することが可能となる
・ROAや売上はどう推移しているか

キヤノンの2015年度有価証券報告書より作成

（1）企業戦略の把握

　図表Ⅵ-㉛のとおり、事業セグメント情報には売上や利益に加え減価償却費や資本的支出が示されています。資本的支出とは、事業投資CFを意味します。有形固定資産・無形固定資産の増減額として記載している会社もあります。

　事業ごとの投資額がわかるため、事業投資／償却費倍率を事業セグメント別に把握できます。

　なお、「消去又は全社」の欄に1,067億円の資本的支出（＝投資CF）が記載されています。これは事業ごとに把握できない基礎研究や本社等の管理施設等に対する投資額です。

（2）企業戦略の成果の把握

　また、事業セグメントごとの営業利益、売上、総資産の金額が記載されてい

ます。これらの数値により事業セグメントごとのROA（営業利益ベース）、売上高営業利益率、総資産回転率が算定できます。

ちなみに2015年度の事業投資／償却費倍率、ROA等と計算式を示すと**図表Ⅵ-㉜**のとおりです。

図表Ⅵ-㉜　事業セグメント別CF及びROA分析（2015年度）

単位：百万円

	計算式	オフィス	イメージングシステム	産業機器その他	消去又は全社	連結
売上高						
外部顧客向け		2,108,246	1,262,667	429,358	−	3,800,271
セグメント間取引		2,570	1,168	95,293	▲99,031	−
計	①	2,110,816	1,263,835	524,651	▲99,031	3,800,271
売上原価及び営業費用		1,820,230	1,080,396	537,730	6,705	3,445,061
営業利益	②	290,586	183,439	▲13,079	▲105,736	355,210
総資産	③	1,020,758	452,283	332,252	2,622,480	4,427,773
減価償却費	④	86,206	52,070	45,064	89,987	273,327
資本的支出	⑤	73,819	38,337	24,241	106,733	243,130
事業投資／償却費倍率	⑤÷④	0.86	0.74	0.54	1.19	0.89
ROA	②÷③	28.47%	40.56%	-3.94%		8.02%
売上高営業利益率	②÷①	13.77%	14.51%	-2.49%		9.35%
総資産回転率	①÷③	2.07	2.79	1.58		0.86

①既存事業に対しては消極投資

2015年度は、各事業セグメントともに事業投資／償却費倍率は１倍未満であり、どの事業セグメントに対しても消極投資です。

ただし、資本的支出の合計額2,431億円のうち、半分近い1,067億円は「消去又は全社」に記載されていることに留意する必要があります。

②赤字の「産業機器その他」

オフィス、イメージングシステムのROAが極めて高いのに対し、「産業機器その他」は赤字です。売上高営業利益率がマイナスなのは当然ですが、他の事業に比べ、総資産回転率も低く、売上が低迷している状況がうかがえます。

事業セグメント情報を読むために必要な財務指標は、以上のとおりです。
これらの財務指標を使いながら2001年度以降のキヤノンの企業戦略とその成果を分析してみましょう。長期間の分析から過去の企業戦略や成果を知ることができます。

2 キヤノンの業績の原因を探る

図表Ⅵ-㉝はキヤノンの1998年度以降のROAと売上の推移を示しています。

2007年度までに売上とROAが急速に伸びています。しかし、サブプライム後の2008年度以降は大きく落ち込み、その後やや回復するものの、サブプライム以前の水準には戻らず売上は横ばい、ROAは低下傾向にあります。

図表Ⅵ-㉝ キヤノンROAと売上推移

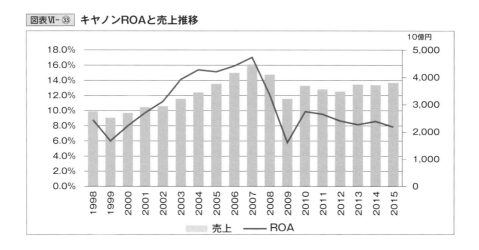

単純なグラフですが、以下のような疑問が生じてきます。

- 1999年度以降2007年度まで、売上、ROAとも急伸していますが、その原因は何か。
- 2008年度のリーマンショックによる業績の落ち込みは理解できるが、その後にリーマンショック以前の業績に回復できていないのはなぜか。

残念ながら、これまで紹介した財務分析の定石を使っても、取締役・経営幹部として満足のいく分析結果は得ることができません。"診方"を変える必要があります。それが事業セグメント情報です。

皆様の会社も単一事業ということはないでしょう。

会社を事業ごとに区分し、その原因を探るという"診方"が不可欠です。事業を区分し、事業ごとの業績を把握することにより、まずどの事業に問題があるのか、問題事業を特定することが経営視点からは重要です。

▶ 2-1. 2001年度から2007年度までの企業戦略とその成果

では、まず2001年度から2007年度まで業績が急伸した原因を事業セグメント情報から分析してみましょう。

(1) 2001年度～2007年度までの企業戦略

図表Ⅵ-㉞では事業セグメントごとの投資CFと投資対償却費倍率を示しています。

図表Ⅵ-㉞ キヤノンの旧事業セグメント別投資CF推移

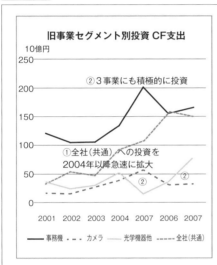
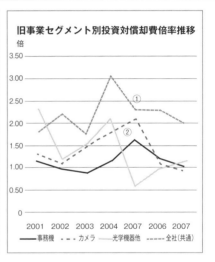

①全社（共通）への投資を2004年度以降急速に拡大

図表Ⅵ-㉞の左グラフからは全社（共通）への投資が事務機に近づいていることが読み取れます。右グラフでも事業投資／償却費倍率も全社（共通）は3事業を大きく引き離しています。

全社（共通）の投資内容は、研究開発拠点整備及び管理業務用設備の合理化並びに拡充です。メインは研究開発拠点整備と考えられ、個々の事業等に含まれない基礎研究を強化する姿勢が読み取れます。

②3事業にも積極的に投資

2005年度にかけて事務機、カメラという2つの主力事業へ積極投資していることが図表Ⅵ-㉞からうかがえます。投資内容は生産拠点拡充及び生産能力増強です。

一方、光学機器は周期的に積極投資を行っています。2001年度から2007年度の投資ではカメラを上回る投資を行っています。

(2) 2001年度から2007年度までの事業セグメント別業績推移

では事業セグメント別の業績は、どう推移していたのでしょうか。図表Ⅵ-㉟は2001年度から2007年度までの旧事業セグメントに基づく、営業利益の推移とROA（営業利益ベース）です。

図表Ⅵ-㉟　キヤノンの旧事業セグメント別利益推移

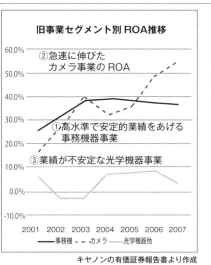

キヤノンの有価証券報告書より作成

①高水準で安定的業績をあげる事務機事業

図表Ⅵ-㉟左グラフの事業セグメント別営業利益推移からは、事務機がキヤノンの営業利益の屋台骨になっていることがわかります。また、右グラフからはROAは高水準を維持していますが、伸びは止まったことがわかります。

②急速に伸びたカメラ事業のROA

2001年度にはカメラと光学機器の営業利益は同水準でした。

その後、カメラは急速に営業利益を拡大し、ROAは事務機を上回る水準にまで急成長しています。キヤノンのROAが大きく伸びた原因は、カメラにあることがわかります。

事務機、カメラ共に積極的な生産拠点の拡充や生産能力の拡大に向けた積極投資が業績を押し上げたことがうかがえます。

③業績が不安定な光学機器事業

一方、光学機器の営業利益は低迷したままです。カメラを上回る投資をしているのですが、残念ながらその成果は見られません。

④時間がかかる基礎研究等の成果実現

2004年度以降、急速に拡大した基礎研究等の設備投資ですが、その成果実現には時間がかかると思われます。成果が上がれば「光学機器他」に含まれる「その他」に業績は反映されます。

キヤノンにとって事務機、カメラに次ぐ新規事業の立ち上げは大きな課題と言われていますが、この時点ではまだ成果は見られません。

まず、キヤノンの売上が、大きく伸びたのは主力の「事務機事業」が伸びたことが大きな要因であり、一方、ROAが伸びたのは「カメラ事業」に原因があることがわかります。「光学機器その他」は「カメラ事業」を上回る投資を行っていますが、業績は低迷しています。また将来の成長に備え、基礎研究にも積極的に投資していることが事業セグメント上から読み取れます。

▶ 2-2. 事業セグメントの変更による影響

　主力事業への積極投資が、2007年度までのキヤノンの業績を引っ張ってきたことは理解できたと思います。その後の推移を述べたいのですが、事業セグメントがマネジメント・アプローチに変更したため、単純比較できません。

　図表Ⅵ-㊱はマネジメント・アプローチへの変更に伴う2007年度業績の新旧セグメント比較です。米国基準を採用しているキヤノンでは2007年度からのマネジメント・アプローチによる事業セグメント情報が入手できます。

図表Ⅵ-㊱　キヤノンの新旧事業セグメント別業績比較（2007年度）

※1．インクジェットプリンターは事務機（旧）からイメージングシステム（新）へ
※2．上記の他に事務機（旧）から全社（共通）へも製品移管があったと思われる

単位：10億円

セグメント	売上	総資産	営業利益	ROA	回転率	利益率
事務機（旧）	2,936	1,762	650	36.9%	1.7	22.2%
オフィス（新）	2,478	1,067	565	53.0%	2.3	22.8%
差	▲458	▲695	▲85	16.1%	0.7	0.7%
カメラ（旧）	1,153	562	307	54.8%	2.1	26.7%
イメージングシステム（新）	1,588	590	328	55.5%	2.7	20.6%
差	435	29	20	0.8%	0.6	▲6.0%
光学機器他（旧）	632	545	21	3.9%	1.2	3.3%
産業機器（新）	550	536	23	4.3%	1.0	4.2%
差	▲82	▲9	2	0.4%	▲0.1	0.8%
全社（共通）（旧）	▲239	1,644	▲222			
全社（共通）（新）	▲134	2,319	▲159			
差	105	675	63			
連結	4,481	4,513	757	16.8%	1.0	16.9%

　目立つのはオフィスのROAが旧事務機の36.9%から53.0%へと大幅にアップしています。その原因は2つあります。

　最も大きな変更は、インクジェットプリンターが移管され、カメラと共にイメージングシステムに含まれることになったことです。図表Ⅵ-㊱-※1のとおりイメージングシステムの売上4,350億円増加の主要因と推定されます。

　もう一つの大きな変更は、図表Ⅵ-㊱-※2のとおり「全社（共通）」で総資産6,750億円、営業利益630億円の増加があったことです。これは「事務機」から「全社（共通）」への製品移管があったためと思われます。

▶ 2-3. 2007年度以降の新事業セグメント別企業戦略と成果
(1) 2007年度以降の新事業セグメント別業績推移

　2007年度以降、2008年リーマンショック前の水準まで業績回復に至らなかったのは何故なのでしょうか。ここでは、まずその原因を事業セグメント別に分析します。

図表Ⅵ-㊲ キヤノンの新事業セグメント別利益推移

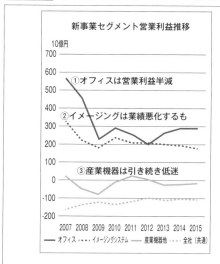
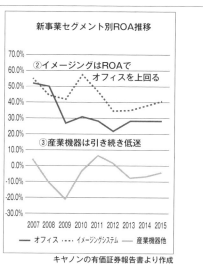

キヤノンの有価証券報告書より作成

①オフィスは営業利益半減

　主力のオフィスは2008年のリーマンショックを契機に営業利益、ROAともに急激に低下したまま、回復に至っていません。2007年度には6,000億円近くあった営業利益が2009年度以降は半減したまま、その後もほぼ横ばいで推移しています。

　2007年度に2.5兆円あったオフィスの売上は、2008年度には2.25兆円、更に2009年度には1.65兆円まで落ち込んでいます。売上が約1/3減少したことになります。これでは利益は半減しますね。

　その後、売上は回復しますが、2015年度の売上は約2.11兆円で2007年度の85％水準となっています。

②イメージングシステムは業績悪化するもROAはオフィスを上回る

　急速に業績を伸ばしてきたイメージングシステム事業ですが、これも2007年度以降は営業利益が減少し、2007年度水準にまでは戻っていません。

　2007年度のイメージングシステム事業の売上は1.59兆円でしたが、2015年度は1.26兆円と80％水準であり、売上の回復度合いはオフィスよりも悪い状況です。スマートフォンの普及により市場が急速に縮小していることがその原因と考えられます。ただ、ROAは依然としてオフィスを上回っています。

③産業機器他は引き続き低迷

　産業機器他（旧光学機器が主）は依然、業績低迷が続いています。

　2007年度の売上は5,500億円だったのですが、2015年度には5,250億円と減少幅は最も低くなっています。

（2）2007年度以降の企業戦略

　図表Ⅵ-㊳は2007年度以降の新事業セグメント別の投資CFと事業投資対償却費倍率です。企業戦略が大きく変化していることが読み取れます。

図表Ⅵ-㊳　キヤノンの新事業セグメント別投資CF推移

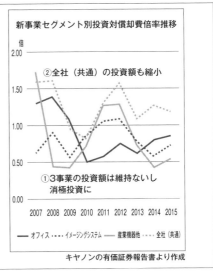

キヤノンの有価証券報告書より作成

①3事業の投資額は縮小し、維持ないし消極投資に移行

　オフィス（旧事務機）、イメージングシステム（旧カメラ）の主力2事業は、2005年度をピークにその後も投資額は縮小し、維持ないし消極投資に移行していることが読み取れます。

　産業機器他（旧光学機器他）は、周期的に積極投資を行っていることに変わりはありませんが、その投資額は縮小しているようです。

②**全社（共通）の投資額も縮小**

　また、2007年度まで拡大してきた全社（共通）への投資にも大きな変化が見られます。2014年度、2015年度の投資額は2007年度水準の半分程度に落ち込んでいます。

　投資を全体的に絞り込み、その結果として各事業の業績が落ち込んだように事業セグメント情報からはうかがえます。

　では、そもそもキヤノンは何を目標に、どんな戦略を採用し、どんな課題に取り組もうとしていたのでしょうか。残念ながらこれらの情報は、定量情報からは得ることができません。中期計画等の定性情報が不可欠となります。

▶ 2-4. キヤノンの中期経営計画の振り返り

（1）キヤノンの優良企業構想

　キヤノンは、世界中の人々に親しまれ、尊敬される真のグローバルエクセレントカンパニーを目指して、1996年度から中長期経営計画「グローバル優良企業グループ構想」を推進しています。

　図表Ⅵ-㊴はその中のフェーズⅢからⅤまでのエッセンスをまとめたものです。上段には最終年度の財務目標、中段にはスローガン、下段には主要戦略を記載しています。主要戦略は似ているものを比較できるように記載しています。

図表Ⅵ-㊴　キヤノンのグローバル優良企業グループ構想

フェーズⅢ（2006～10）	フェーズⅣ（2011～15）	フェーズⅤ（2016～20）
売上高：55,000億円　　　　　　　　　　　　　　　　　　　　　　　　　　　　　　　　　　営業利益率：20％以上　純利益率：10％以上　株主資本比率：75％以上	売上高：5兆円以上　　　　　　　　　　　　　　　　　　　　　　　　　　　　　　　　　　営業利益率：20％以上　純利益率：10％以上　株主資本比率：75％以上	売上高：5兆円以上　原価率：45％以下　営業利益率：15％以上　純利益率：10％以上　株主資本比率：70％以上
健全なる拡大⇒2009年に「経営のクオリティ向上」に変更	["Aiming for the Summit" ～Speed&Sound Growth～」	戦略大転換を果たし新たなる成長に挑戦する
①現行主力事業の圧倒的世界No1の実現とディスプレイ三事業の確立	①全主力事業の圧倒的No1の実現と関連・周辺事業の拡大	②新規事業の強化拡大と将来事業の創出
	④世界販売力の徹底強化	③市場の変化を捉えた全世界販売網の再構築
②国際競争力を維持する新生産方式の確立	③世界をリードする世界最適生産体制の確立	①原価率45％を実現する新生産システムの確立
③多角化による業容拡大と世界三極体制の確立	②グローバル多角化による新たな事業の獲得と世界三極体制の確立	⑤世界のダイナミズムを取り込む世界三極体制の完成
④次世代事業ドメインの設定と必要な技術力の蓄積		④オープンイノベーションによる研究開発力の強化
⑤永続的企業革新を推進する真に自立した強い企業人の育成	⑥真のエクセレントカンパニーに相応しい企業文化の継承と人材の育成	
	⑤環境先進企業としての基盤の確立	

出所：キヤノンのサステナビリティ報告書より作成

（2）フェーズⅢ・Ⅳの財務目標は未達

　キヤノンの2015年度の売上は3.8兆円、当期純利益は2,200億円、株主資本比率（≒自己資本比率）は67％です。この10年間掲げ続けた最終目標は達成されておらず、残念ながら2020年度に持ち越されています。

横浜市立大学 中条祐介教授の調査（2011年３月実施、東証上場企業375社回答）によると、中期経営計画の目標達成度は、売上高で８％、営業利益で11％、当期純利益で14％となっているとの記載が伊藤レポートにあります。

（3）主要戦略の成果

重要なことは数値目標の達成に向け、何を課題と考え、どんな対策を打ってきたかです。先ほどの数値分析と中期経営計画からは以下のような疑問が生じてきます。

①主力事業の圧倒的No.1は達成できたのか

キヤノンの中期経営計画フェーズⅢ・Ⅳの最初に掲げられている主要戦略は、主力事業の圧倒的世界No.1の実現です。

定量分析によれば、オフィス（旧事務機がメイン）、イメージングシステム（旧カメラがメイン）の売上が大きく低下したことは、既に述べたとおりです。

会社がこの主要戦略の達成状況をどのように評価しているのかは、投資家としても知りたいところです。

②フェーズⅢ・Ⅳの成長戦略は達成できたのか

フェーズⅢの当初のスローガンは『健全なる成長』です。そのために、主要戦略として、まず掲げたのが「現行主力事業の圧倒的世界No.1」と「ディスプレイ三事業の確立」でした。さらに４番目の主要戦略として「次世代事業ドメインの設定と必要な技術力の蓄積」を掲げていました。リーマンショックにより、その方向性を「健全なる拡大」から「経営のクオリティ向上」へと大きく舵を切っています。しかし、目標は達成できず、同様の目標をフェーズⅣでも掲げました。

また、フェーズⅣでも関連・周辺事業の拡大とともに、２番目にグローバル多角化による新たな事業の獲得を掲げ、「メディカル」や「産業機器」を新たな事業の柱としました。

これらの戦略の達成状況についてはサステナビリティレポート等に一部記載されていますが、上記の疑問に対する回答は投資家自らが各種新聞情報等も参考に探らざるを得ないのが実態です。

(4) 求められる財務（定量）情報と非財務（定性）情報の統合

このような状況を踏まえ、閣議決定された「日本再興戦略」の一環として策定されたコーポレートガバナンス・コードでは、**図表Ⅵ-㊵**の規定が設けられています。中期経営計画に関連する重要なコードを抜粋しています。

図表Ⅵ-㊵　コーポレートガバナンス・コードの抜粋

～会社の持続的な成長と中長期的な企業価値の向上のために～　2015年6月1日

- 第1章　株主の権利・平等性の確保
- 第2章　株主以外のステークホルダーとの適切な協働
- 第3章　適切な情報開示と透明性の確保
- 第4章　取締役会の責務
- 第5章　株主との対話

【基本原則3】
　上場会社は、会社の財政状態・経営成績等の財務情報や、経営戦略・経営課題、リスクやガバナンスに係る非財務情報について、法令に基づく開示を適切に行うとともに、法令に基づく開示以外の情報提供にも主体的に取り組むべきである。
　その際、取締役会は、開示・提供される情報が株主との間で建設的な対話を行う上での基盤となることも踏まえ、そうした情報（とりわけ非財務情報）が、正確で利用者にとって分かりやすく、情報として有用性の高いものとなるようにすべきである。

補充原則
４－１②取締役会・経営陣幹部は、中期経営計画も株主に対するコミットメントの一つであるとの認識に立ち、その実現に向けて最善の努力を行うべきである。仮に、中期経営計画が目標未達に終わった場合には、その原因や自社が行った対応の内容を十分に分析し、株主に説明を行うとともに、その分析を次期以降の計画に反映させるべきである。

コーポレートガバナンス・コードでは、会社の持続的成長と中長期的な企業価値の向上には経営戦略・経営課題の検討が不可欠であり、それらを記載した中期経営計画は株主に対するコミットメントの一つと位置づけています。そして、中期経営計画が目標未達に終わった場合には、その原因を分析し株主に説明を行うことを義務付けているのです。

極めて企業にインパクトのあるコード（原則）だと思います。中期経営計画の振り返りを行うには、質の高い中期経営計画書が不可欠です。投資家により中期経営計画の実行力が問われる時代になったのです。

(5) 財務諸表の効用と限界

連結Ｐ／ＬやＢ／Ｓから、グループ全体の経営成績や財政状態を把握できます。

しかし、具体的な経営課題を把握するには限界があります。そのためには、財務諸表等の定量情報と定性情報の統合が必要であり、そのことが投資家サイドからも求められる時代になったことを紹介しました。

取締役として経営課題を導き出すには、言うまでもなく事業を区分し、財務諸表を分析することが不可欠です。取締役は連結ベースで企業の成長性に問題があるとわかれば、そもそも財務戦略として、そのための積極投資を行ってきたのか、さらにその積極投資をどの事業に行ってきたのかを客観的な数値により把握すべきです。そのうえで当該事業の成長性を再評価し、投資を継続するか、更に強化するかを検討すべきです。

また、連結ベースで生産性に問題があるとすれば、そもそもキャッシュフローを生み出すことを期待している事業はどの事業なのか。その点を明らかにしたうえで生産性を評価すべきです。

経営者視点から重要なことは事業を区分し、どの事業の何が問題なのかを明らかにすることです。ただし、財務諸表等に示される会計情報にできることはここまでです。

業績すなわち生産性や成長性の良し悪しや、その原因がどの事業にあるのか、これらの情報を会計情報は提供してくれます。しかし、その事業の業績を改善するための課題はどこにあるのか、その答えを財務諸表から読み取ることは不可能です。そのためには、事業そのものを分析することが必要となります。

このような財務諸表の限界を超えるには、事業経営そのものを分析する視点を持つことが取締役には求められます。定量情報と定性情報を統合するロジックと言ってもよいでしょう。次章では、最後にこの点を解説します。

要　約（6章）

１．Ｃ／Ｆから財務戦略がわかる。

　財務戦略とは稼いだお金（営業ＣＦ）を企業の将来の成長と発展のために、どのように使っているかを明らかにすることである。

　具体的には投資政策、資金政策、株主還元政策を把握する。

　　①投資政策は事業投資／償却費倍率から判断する
　　②資金政策は積極調達か積極返済かを知る
　　③株主還元政策を判断する指標として配当性向や総還元性向がある

　ただし、ＣＦは短期的には数値がぶれやすく、長期的に分析し財務戦略がいつから、どのように変化しているかを把握する必要がある。

２．事業セグメント情報から企業戦略とその成果がわかる。

　経営視点から課題を発見し解決していくには、会社全体の業績を分析してもあまり意味はない。事業を区分（セグメント）したうえで、どの事業が問題なのかを知ることが重要である。事業により財務上、求められる役割は異なる。

　重点投資している事業では、まず成長性が求められる。維持投資事業であれば高い生産性が求められる。また赤字事業であれば待ったなしの事業再建が求められる。

　事業ごとの評価軸を明確にし、評価することが重要である。事業セグメント情報は企業戦略とともに、その成果を測定するための情報を提供してくれる。

３．定性情報を加えると分析の質が上がる。

　中期計画という定性情報を財務諸表という定量情報で検証することによって、より的確な経営戦略の分析が可能となる。

7章
事業経営を分析する3＋1の視点

この章で伝えたいこと

　企業の存続と成長のためには、財務戦略や企業戦略を財務諸表から把握するだけでなく、個々の事業について、その業績向上にむけた真の課題は何かを的確に把握する必要があります。また、個々の事業の的確な課題認識がなければ、財務戦略や企業戦略の検討ができるはずはありません。

　個々の事業における真の課題を把握するために不可欠なのが、事業経営そのものを分析するロジックです。事業経営を診る視点と言ってもよいでしょう。

　図表Ⅶ-①は、私が所属している日本能率協会コンサルティング（JMAC）で、伝えられてきた事業経営を診る視点です。事業、能力、成果の3つに環境を加えた「3＋1の視点」でみれば、事業経営の全体像が掴めるというのがその教えです。

図表Ⅶ-①　事業経営を診る3＋1視点

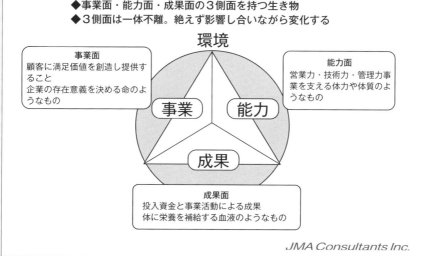

　この図をベースに、事業戦略会計に関しての企業の生存と発展に向けた真の課題を抽出するために、コンサルタントが事業経営を分析する際の視点を紹介します。また、最後に取締役・経営幹部の業績責任とは何かについて述べ、本書を終わりたいと思います。

7章-1

業績原因を事業経営視点から分析する

1 「事業・能力・成果＋環境」が3＋1の視点

　競争戦略の著名な学者であるマイケル・ポーターは、著書『競争優位の戦略』の中で「会社により業績（収益性）が異なるのは何故か？」という問題提起をしています。

　ポーターは会社の業績にもっとも大きな影響を与えるのは景気だというのです。なかなか説得力のある出だしです。文句なしに納得できますね。ただし、景気がフォローの風なのか、アゲインストの風なのかは、属する業界により異なるため、所属する業界が重要だと述べています。

　では、属している業界が同じであれば、同じ業績になるのか。当然、そうはなりません。ポーターは会社により採用している事業戦略が異なるからだと、競争戦略の学者らしい理由づけを行っています。

　さらに、同じ事業戦略を採用すれば、同じ業績になるのかという問いかけをします。そして、その問いに対する答えも「否」です。事業戦略の遂行能力（競争優位を作り出し、持続させる能力）は会社により異なるというのがその理由です。非常に単純ですが、明快な論理です。

▶ **1-1. 業績がなぜ良いのか（悪いのか）**

　ポーターの本を読んだ時に思い出したのが、JMACの先輩から教わった事業経営を診る3＋1の視点です。

　「事業」は事業戦略、「能力」は事業戦略の遂行能力、そして「成果」は業績、「環境」は業界（景気）とポーターでは置き換えられているだけです。

（1）業績の原因は3つある

　成果、すなわち業績が悪いとすれば、その原因は3つ考えられます。

　「景気（環境）」「事業戦略」「事業戦略」の遂行能力の3つです。シンプルで

すが、このような事業経営を分析する視点を持つことが重要です。
　以上を踏まえ、私が作成し活用しているのが**図表Ⅶ-②**です。
　事業経営を診る３＋１の視点を「成果＝環境×事業×能力」と言う単純な掛け算で示しています。視点を、成果の原因分析が可能な分析ロジックに展開しているのが特徴です。

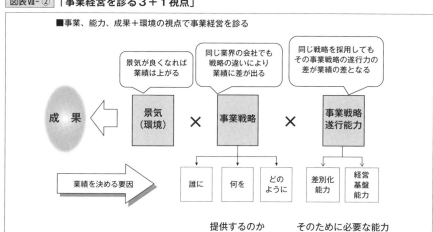

図表Ⅶ-②　「事業経営を診る３＋１視点」

（２）「能力」とは

　馴染みがないのが能力、すなわち事業戦略の遂行能力ではないでしょうか。会社の事業計画書には、能力は課題として記載されます。

　「わが事業は●●●という環境変化に直面しているなか、▲▲▲という事業戦略を採用する。この事業戦略の実現に向けては、■■■の課題があると認識しており、課題解決に向け、◎◎◎の対策を推進していく」

　上記の課題は、一般的には能力面の課題を指します。事業戦略を推進するために必要な能力のうち、不足する能力が課題として示されます。重要なのが、この事業戦略の遂行能力です。どんなに立派な戦略を策定しても、事業戦略の遂行能力が伴わなければ、成果は０になることを上記の掛け算は示しています。

▶ 1-2.「事業戦略」と「事業戦略遂行能力」のいずれが問題なのか

　成果＝環境×事業×能力という計算式は、会社の業績は「景気（環境）」と「事業戦略」と「事業戦略の遂行能力」が決めるというメッセージを示しています。

　例えば、事業経営の分析結果が**図表Ⅶ-③**のような3社があったとします。

　成果である業績はどの会社も×です。しかし、処方箋は全く異なるはずです。

図表Ⅶ-③　三社の事業経営分析

	環境（景気）	事業（戦略）	（遂行）能力	成果（業績）
A社	△	○	×	×
B社	△	×	○	×
C社	×	○	○	×

（1）事業戦略の遂行能力が問題のA社

　A社の経営トップには、事業環境変化に適合した事業戦略は見えています。しかし、部下がその戦略を具体的に推進できず、業績が悪化している会社です。A社は事業戦略実現に向けた能力に問題があるのです。

　どんな立派な事業戦略でも、管理職に実行能力がなければ、戦略は実現できません。事業戦略を実現するための実行力が大きな課題となります。事業戦略を実現するには、他社と差別化すべき能力は何なのか。そのために、どんな仕組みづくりや人の能力開発に取り組む必要があるのか。これらの問いに答え、実行することが重要となります。

（2）事業戦略が問題のB社

　一方のB社は、その事業環境が大きく変わり、これまでの事業戦略の見直しが求められている企業です。

　強力なライバルの出現によりシェアが急激に低下している企業や、思わぬ代替製品の出現により市場そのものが衰退している企業が該当します。このような事業では、どんなに生産部門や販売部門等の生産性向上に取組んでも、業績

向上にはつながらないのは明らかです。事業戦略そのものの見直しが求められているからです。

（3）景気の一時的な大幅悪化が問題のC社

　C社は事業戦略も事業戦略にも遂行能力も十分備わっています。しかし、景気の大きな変動により一時的に業績が悪化している会社です。

　自信を持って現在の戦略を推進し、事業戦略遂行能力の強化を図るべきです。業績悪化は一過性のはずです。

（4）事業戦略の遂行能力に問題がある会社が多い

　まずは、事業戦略が問題なのか、事業戦略遂行能力の問題か。この点を見極めることが重要です。この認識を間違えると、まったく無意味な対策を打つことになります。経験的に言えば、事業戦略そのものよりも、事業戦略の遂行能力に問題がある会社が圧倒的に多いように思えます。

　なぜなら、事業戦略を明確にし、事業戦略を実現するための課題を明確にできたとしても、その課題解決を着実に進めることは極めて難しいからです。

　事業戦略やその実現のための課題や対策は、どの会社でも策定できています。しかし、その実行が伴っていないのです。中期計画や事業計画に記載された事業戦略や対策は、仮説でしかありません。

　しかし、実行が伴わないためにその仮説が検証できず、仮説のままで終わっている企業が多いように思えます。

▶ 1-3. そもそも事業戦略とは何か

　成果＝環境×事業×能力という「事業経営を診る3＋1の視点」は、さまざまな疑問を投げかけてくれます。最初の疑問は、「事業」すなわち「事業戦略」とは、そもそも何を決めることかという疑問です。

　その答えは「誰に、何を、どのように提供するのか」という、事業運営の基本方針を決めることが事業戦略であるというのが私の考えです。**図表Ⅶ-④**は、一般的なメーカーでの事業戦略の分類概念です。

図表Ⅶ-④　事業戦略の分類

事業戦略分類		定義例
市場／製品戦略		どの領域をターゲットに事業成長を狙うのか
	①新製品開発	主として既存顧客への新製品の提供により事業成長を目指す
	②新市場開発	主として既存製品を海外顧客等の新市場に提供することにより事業の成長を目指す
	③川下開発	主としてエンドユーザー（や原料メーカー）に近づく事業展開をすることにより事業の成長を目指す
差別化戦略		どんな武器でライバルに対し差別化を実現するのか
	①顧客密着	ライバル・顧客に先行して顧客の問題を発見し、的確な解決法を提示することにより他社との差別化を実現する
	②製品・リーダー	ライバルに先行して、新しい製品や用途を顧客へ提供することにより差別化を構築する
	③オペレーショナル・エクセレンス	ライバルに先行して低価格製品を顧客に提供することにより競争優位を構築する
事業再建戦略		顧客のコスト要求等を満たせる条件をどう実現するのか

『ナンバーワン企業の法則―カスタマー・インティマシーで強くなる』M.トレーシー，F.ウィアセーマ（日本経済新聞社／1995.9）を参考に作成

　「市場／製品戦略」では、事業にとって今後の成長の上で重要な事業領域がどこかを明らかにします。「誰に、何を」提供するかによって、成長していくのかを明らかにします。また、差別化戦略では他社と「どんな能力」で差別化するか、その基本方針を明らかにします。「どんな能力」は「どのように」他社と差別化するかと読みかえてもよいでしょう。

　図表Ⅶ-④は一つの事例ですが、それなりに汎用性はあると思います。詳細な説明は避けますが、自分なりの事業戦略の分類概念を持つと、事業戦略がぐっと身近になると思います。

▶ 1-4.「経営基盤能力」と「差別化能力」の峻別

次は能力に関する疑問です。能力については、バリューチェーンやビジネスプロセスという概念が分析ツールとして紹介されています。

私は「差別化能力」と「経営基盤能力」という2つの能力を峻別することが重要と考えています。

これまでにたくさんの会社の事業計画を見てきましたが、日本企業の事業計画の特徴は、事業戦略を実現するための課題が山ほど書いてある会社が多いということです。そのため、事業戦略を実現するために本当に重要な課題は何なのかがわからないのです。

（1）どんな会社にも必要なのが経営基盤能力

例えば、営業マネジメント力の強化、コストマネジメント力の強化、予算管理制度の強化、人事マネジメント力の強化等の課題も、あなたの会社の事業計画には記載されているのではないでしょうか。

これらの課題は、事業戦略に関係なく、どのような事業においても、必要不可欠な能力です。私はこれらの能力を「経営基盤能力」と呼んでいます。

（2）担当事業の差別化戦略の実現に不可欠な差別化能力

もう一方の「差別化能力」は、他社との差別化戦略を実現するために必要な能力です。経営基盤能力強化に向けての対策はテキストに答えが書かれているかもしれませんが、差別化戦略を実現するための課題や対策は、自分で答えを見つけ出すしかありません。

事業経営の課題を経営基盤と差別化課題とに峻別することにより、事業戦略を実現するために本当に重要な課題は何かが、明らかになるはずです。

▶ 1-5. 事業戦略会計のフレーム

　事業経営を診る3＋1の視点を活かし、事業経営のこれまでを振り返るとともに、未来を客観的に分析し、中長期課題を着実に解決していく。そのためのツールである事業戦略会計のフレームが**図表Ⅶ-⑤**です。事業の中期計画のマネジメントプロセスを示しています。

図表Ⅶ-⑤　**事業戦略会計のフレーム**

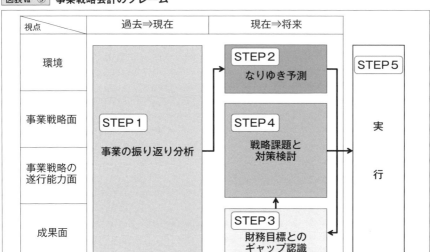

　極めてシンプルな構造になっています。

　「過去から現在」と「現在から将来」という時間軸を「事業経営を診る3＋1の視点」に加えているだけです。

　事業戦略を策定するための分析ツールはたくさんあります。ありすぎて混乱するほどです。しかし、必要なのはシンプルな立案ロジックと必要な最低限の分析ツールです。

　大事なのはそこから本当に重要な事実を選び出し、これを統合することにより答えを導き出すことです。ステップごとのポイントを簡単に紹介します。

(1) 事業の振り返り分析（STEP 1）

「なぜ、業績が悪化しているのか？その原因は何か？」

これが答えるべき最初の問いです。「事業経営を診る3＋1視点」から、これまでの財務業績の原因を分析することを「事業の振り返り分析」と呼んでいます。企業の過去を振り返ることなく、将来を語るのは無意味です。

図表Ⅶ-⑥　**事業の振り返り分析**

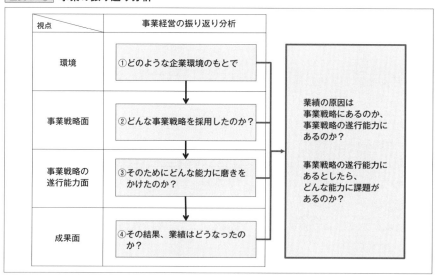

図表Ⅶ-⑥に示したとおり、事業経営の振り返り分析は極めてシンプルです。しかし、これがうまく分析できない会社が多いのも事実です。その原因は中期計画を作り放しにしている会社が多いことにあることは、すでに述べたとおりです。

中期計画は中長期的に業績を向上するための仮説に過ぎません。実行を通じて、仮説の検証や見直しがなされます。従って、実行していれば事業の振り返り分析を行うのは容易なはずです。また、事業戦略を実現するための課題や対策もそこから見えてくるはずです。あなたの会社では、事業の振り返り分析ができていますか。

7章　事業経営を分析する3＋1の視点　　217

(2) 環境変化を業績予測に結び付ける（STEP 2）

「当該事業の将来業績に大きな影響を与える環境変化は何か？」
「その結果、業績はどうなると予測されるか？」
この２つの問いに答えるのが、なりゆき予測です。

業績の予測能力が経営幹部には問われます。このままだと３年後、５年後の業績はどうなると予測しているのか。それはなぜなのか。

極めてシンプルな質問ですが、この質問に的確に答えるためには、市場や顧客、ライバルに関する情報や深い洞察が求められます。取締役・経営幹部としての経営能力が問われる質問です。

(3) 利益ギャップを把握する（STEP 3）

「どんな財務目標を目指すのか？」
「なりゆき予測とのギャップはいくらか？」
前者の回答は、一般には企業戦略の検討結果として、各事業に目標として与えられます。したがって、後者の質問が重要です。

事業の財務目標を設定し、なりゆき予測とのギャップを認識するのが、財務目標の設定です。アウトプットは制約条件としての損益計画とキャッシュフロー計画になります。制約条件と記載しましたが、人間は制約があったほうが、創造力を発揮できるようです。

(4) 戦略課題と対策を検討する（STEP 4）

利益ギャップを認識したうえで、以下の２点を明らかにします。
「事業目標の達成に向け、事業戦略そのものを見直す必要があるのか？」
「事業戦略を実現するための、能力上の課題は何か、その対策は何か？」

(5) 実行する（STEP 5）

計画を実行するが５番目のステップです。実行することにより、計画の見直しも生じれば、次回の事業計画策定に教訓が活かされるのです。

学生時代にマネジメントとは「PDCAサイクル」を回すことだと教わりました。なんと当たり前のことを言っているのだろうかと思ったものです。コンサルタントの仕事をして認識できたのは、人間は「PDCAサイクル」を回せない

特性を持っているということです。「PDCAサイクル」の重要性は、いくら強調してもしすぎるということはないように思えます。

　上記のステップを行うためには、様々な手法やフレームワークが開発されています。その内容は専門書に譲りたいと思います。

7章-2

取締役・経営幹部の業績責任とは

1 いま株式会社に何が起きているのか

　取締役・経営幹部の業績責任を考えるために、まず簡単に株式会社の歴史を会計の視点を中心に振り返ってみたいと思います。

▶ 1-1. リスキーな株式会社制度

　株式会社制度は、一般的には**図表Ⅶ-⑦**のようないくつかの特徴をもっていると言われていますが、経済的側面から見れば、「株主の有限責任」が大きな特徴といえます。

図表Ⅶ-⑦　株式会社制度の特性

側面	特性	内容
経済的側面	株主有限責任	株主は、出資額を超える会社の債務につき責任を負わない
経済的側面	株式の自由譲渡性	株主は株式を株式市場で自由に売買できる
経営的側面	所有と経営の分離	株主は直接経営にタッチせず、経営はプロ経営者が行う
法的側面	法人格	会社は自然人と同様に契約の主体となることができる
法的側面	準則主義	会社は法律上の要件を満たせば自由に設立できる

　出資者である株主は出資金だけ責任を持てば良いという話です。

これを、事業家の立場から言えば、借金と異なり返済義務がないお金を集めることができるということです。しかも、利息を定期的に支払う必要はなく、儲かった時だけ配当を支払えばよいのです。極めてありがたい話です。

　とはいえ、極めてありがたい話で済めばよいのですが、悪い人間にとっては大変おいしい話となります。「なんと出資金の30％を配当しますよ。元本保証です。これまでにこんなに儲かっていますよ」などと言ってお金を集める詐欺事件の温床になる恐れがあります。

　図表Ⅶ-⑦で示した特徴のうち、株主有限責任等の主要な特徴を持つ世界最初の株式会社は1602年のオランダに誕生した東インド会社です。この株式会社の誕生以降、詐欺的な事業家や経営者を排除し、健全な株式会社制度を構築することは、株式会社制度のもつ永遠の課題となっているのです。

（1）債権者をどう保護するのか

　株主の有限責任は、会社債権者にとって極めてリスキーな仕組みです。

　出資者が無限責任を負ってくれません。そのため、債権者からは株主からの出資金が重要な担保資産となります。株主の配当要求にこたえるために出資金が配当で支払われるようなことがあれば、債権者は安心して株式会社と取引することはできません。

　このため、1673年の「サヴァリー法典」において商人の詐欺、破産防止を主目的とし、商法（会社法）による規制が始まり、会計的には商業帳簿及び財産目録の規定が定められます。

　商業帳簿の作成については、すでにルカ・パチョーリが1494年『スムマ』と呼ばれる数学書で複式簿記を説明しており、その手法が確立されていました。

　財務諸表として財産目録を作成し、その要約表としてさらにB／Sを作成することを義務付けたのです。

　問題はこの財産目録において資産をどう評価するかです。当時は減価償却費等の概念もなく、その結果、市場価額で評価されます。しかし、当時の経済状況等から、市場価格は客観性に乏しく、粉飾しやすいものであることは明らかです。このため、市場価額によるB／Sは長続きしませんでした。

▶ 1-2. 1929年アメリカでの世界大恐慌で一般投資家の保護が課題となる

　投資家の保護という観点から大きな変化があったのは、1929年の世界大恐慌の時です。1920年代に株ブームが起きバブルへの道を歩み始めます。1929年10月の「暗黒の木曜日」をきっかけにバブルが弾けたのです。ダウ平均株価が1929年の水準に戻ったのは、1954年11月というのですから、その影響の大きさがうかがえます。

（１）証券法と証券市場法の制定

　この恐慌の犯人探しが始まり、企業が投資家に対し必要な会計情報を提供していないことが問題となります。その結果、1933年の連邦証券法、さらには1934年に証券取引所法が制定されます。そのポイントは証券市場で株式を公開する会社には、財務諸表を公表することと、公表される財務諸表への公認会計士の監査が義務付けられたことです。これで、一般投資家に対する情報公開が確立されたのです。

（２）取得原価主義の誕生

　会計理論の面でも大きな進歩があります。取得原価主義が会計原則として定められたのです。会計の主目的は利益計算にあることが明確にされ、実現した収益に対応する費用を控除し、経営成績としての利益を計算する。利益計算のためには、B／Sは取得原価で評価すべきとし、利益計算のための減価償却費等のルールが明確にされます。

（３）日本の近代会計の誕生

　日本では1890年に商法が制定され、株主および債権者保護を目的として、配当可能利益の算定の仕方を規定しています。更に戦後の1948年に証券取引法が全面改正され、日本にも公認会計士制度が導入されます。1949年には企業会計原則が定められ、現在の企業会計の基盤が作られます。

　しかしその後、山陽特殊製鋼、オリンパス、カネボウ、ライブドア、山一證券、さらには東芝と様々な会計不正が生じたことはご存じの通りです。

▶ 1-3. 株式会社の暴走

（1）エンロン、ワールドコム等の不正会計事件

　米国では大企業のエンロンやワールドコム等による会計不正問題により、会計規制は大きな転換を迎えます。いわゆるSOX（サーベンス・オクスリー）法が定められ、連邦証券法等は大きく見直されます。重要な変更は下記の2点です。

①内部統制報告書の提出と監査

　内部統制の整備に関する経営者の義務および責任が明確化され、会社は内部統制報告書を提出し、監査法人の監査を受けることになりました。

②経営者の宣誓書の提出

　自社の財務報告が適正に作成されていることなどについて経営者自ら宣誓することが義務付けられます。宣誓の意義は大きく、虚偽の宣誓を行った場合には、「禁固刑20年以下または罰則500万ドル以下、あるいはその両方」と定められたのです。

　エンロンの元CEO、ジェフリー・スキリングに科されたのは禁固24年です。検察側との司法取引に減刑が検討されているとも伝えられています。一方、ワールドコムのエバーズ元CEOは禁固25年の有罪判決を受けています。

　日本でも同様の法規制が敷かれ、内部統制が叫ばれることになります。

（2）2008年のリーマンショックはショートターミズムが問題

　SOX法を導入したアメリカですが、2008年にはリーマンショックが起きます。アメリカ政府は70兆円もの公的資金を緊急に投入し、救済を図りました。同様の巨額の公的資金投入は英国や日本でも行われます。

　英国は金融危機の原因は、短期的な利益追求（＝ショートターミズム）を目的とした金融機関の過剰なリスクテイク、すなわちガバナンスに問題があると考えてコーポレートガバナンス・コードを制定します。

　また、金融機関のガバナンス欠如に対し行動しなかった機関投資家にも問題があるとし、機関投資家の行動規範としてスチュワードシップ・コードを制定したのです。スチュワードとはわかりにくい言葉ですが、具体的には顧客から資産運用を任された機関投資家を指します。

(3) なぜコードなのか

　米国が厳しい法規制（ハードロー）による対応をしたのとは対照的に、英国ではコードと言うソフトローによる規制を敷きます。コードは原則・指針、行動規範と訳されています。

　その特徴は「原則主義」と「Comply or Explain」の2点です。原則主義は国際会計基準と同様の考えで、細かなルールは定めず原則だけを示すという規制方法です。一方の「Comply or Explain」は「ルールに従え（comply）、従わないのであればその理由を説明せよ（explain）」という規制手法です。

　慣習法を重視する英国らしい規制方法と言えます。また、法律による規制には、どうしても時間がかかります。環境変化へのスピーディーな対応という面でもフレキシビリティーのある優れた手法といえます。

(4) 統合報告書の作成が始まっている

図表Ⅶ-⑧　英国における統合報告書作成の背景

```
金融機関のコーポレートガバナンスの欠如がリーマン・ショックに
端を発する世界的な金融危機を招いた
```

※翻訳：受託者責任を果たすための原則

コーポレート・ガバナンス・コード
■投資される側の規制
・コーポレートガバナンスの欠如による、金融機関の過剰なリスクテーキングを防止するために企業統治の原則を定め、コンプライorエクスプレインを求める

スチュワードシップ・コード※
■投資する側（機関投資家）の規制
・物言わぬ、短期志向の機関投資家から企業との建設的な対話を通じ、中長期的視点からの企業価値創造に貢献する「スチュワードシップ責任」を果たすことを求める

「長期的かつ持続的な企業価値の向上」

統合報告書
■両社のコミュニケーションのツールとして「財務情報」と「非財務情報」を統合する長期志向で、戦略を軸とした重要情報の提供を求める
・IIRCが国際統合報告フレームワークを公表

ショートターミズム（短期志向）から脱却するには、投資サイドは短期視点ではなく中長期視点から投資先を選別する必要があります。一方、企業サイドは中長期視点からの経営を重視するとともに、その取り組み状況を投資家サイドに、わかりやすく伝える必要があります。この両者が対話する為のツールが統合報告書です。

　コーポレートガバナンス・コード、スチュワードシップ・コードそして統合報告書の３者の関係を示したのが**図表Ⅶ-⑧**です。

　企業は定量的な財務情報を公表しているだけでなく、CSR報告書、環境報告書、ガバナンス報告書等の様々な定性情報を公表しています。先ほど紹介したキヤノンのサステナビリティレポートはCSR報告書と環境報告書を統合したレポートです。

　日本企業でも、統合報告書を作成、報告する企業が増加してきていますが、経験も浅く、企業サイドも何をどのように伝えることが有効なのか、手探り状態にあるといえます。

　まずは、中期計画の振り返りからスタートすべきであることは既に述べたとおりです。

2　日本企業の持続的成長に向けて

▶ 2-1．中期計画とは何か

企業価値の持続的成長が日本企業の課題となっています。

企業価値の持続的成長には「短期利益目標必達の組織風土づくり」と「中長期課題の着実な解決」という2つの課題を同時に解決することが必要です。

図表Ⅶ-⑨は、縦軸に企業価値の持続的向上に向けた2つの課題を記載しています。横軸には業績評価会計と意思決定会計という2つの管理会計の領域を示して、マトリックスの中に主要な管理会計ツールを記載しています。

図表Ⅶ-⑨　管理会計の4つのテーマ領域

		管理会計の領域	
		業績評価会計	意思決定会計
企業価値の持続的向上	短期利益目標必達の企業風土	■責任会計 ・アメーバー経営	■予算管理 ・ダイレクトコスティング ・CVP分析
	中長期課題の着実な解決	■多面的意思決定 ・バランスド・スコア・カード	■戦略会計 ①財務戦略会計 ②企業戦略会計 ③事業戦略会計

企業価値の持続的成長に向けては2つの課題を同時解決する必要がある
・「短期利益目標必達の企業風土」と「中長期課題解の着実な解決」という2つの課題を同時解決することは極めて難しい

右下の中長期課題の着実な解決のための意思決定会計手法として、戦略会計を位置づけています。企業の存続と成長のために財務諸表をいかに戦略的に活用するかが、その研究テーマです。

（1）短期利益目標必達の組織風土づくり

短期利益目標必達の組織風土づくりには、業績評価会計領域に責任会計制度、意思決定会計領域には予算管理を位置づけています。

学問の世界では、予算管理を業績評価会計に位置付けるのが一般的です。しかし、予算管理のポイントは予算策定という意思決定に、いかに会計データを活用するかにあると考え、意図的に意思決定会計に位置づけています。

(2) 企業の存続と成長に向け策定される中期計画

これに対し、中長期視点から企業の存続と成長に向け策定されるのが中期計画です。中期計画を着実に進めるには、業績評価の仕組みを見直すとともに、財務諸表を中期計画の策定に活用することが不可欠です。バランスド・スコア・カードや戦略会計をそのためのツールとして位置づけています。

(3) 予算と中期計画の違い

予算管理と中期計画は全く目的が異なるのですが、この2つの関係をよく理解していない取締役・経営幹部に出会うことがあります。中期計画を単なる3年後の数値目標と考えているのです。そんな予算と中期計画の違いをまとめたのが図表Ⅶ-⑩です。

図表Ⅶ-⑩　予算と中期計画との違い

	予算	中期計画
狙い	■利益目標必達の組織風土づくり	■会社の存続と発展に向けた中長期課題の着実な解決
重要なアウトプット	■来期の活動計画	
計画策定のアプローチ方法と必要な情報	■過去延長型の計画策定 ■実績データが重要 ・短期間なので過去の実績データの再現性が高い	■将来視点からの計画策定 ■環境変化予測が重要 ・再現可能性が弱まるため、環境変化を考慮した将来予測が重要となる
実現可能性	■高い	■低い
経営トップのマネジメント方法	■まかせて結果評価をすればよい	■仮説のもとに構築されており、仮説を共有し、検証し、見直す仕組みが不可欠
成功のための前提条件	■科学的な目標設定を与えない ■マネジャーの利益コントロール能力	■仮説の失敗を受け入れる経営陣と仮説の説明責任を果たす現場という2つの条件が不可欠

①来期の活動計画が重要なアウトプット

　両者の狙いが異なることは既に述べたとおりです。重要なアウトプット事項には、両者とも同じ来期の活動計画を記載しています。

　中期計画は3年間の活動計画ではないのかと思われるかもしれません。しかし、大事なのは今、何を実施するかです。当面の活動計画ですら怪しいのに、将来の活動計画を厳密に作成しても無意味です。将来視点から、現在何をやるべきかを明確にする。それが中期計画の役割です。

　予算についても数値でコントロールするには限界があります。コントロールするには、活動計画が不可欠です。来年度の活動計画が重要なのは、予算も中期計画も同様です。

　ただし、予算では各部門の管理職が主体となり、今期の利益目標を達成するための活動計画を策定します。今期の予算数値目標達成のための実行計画が、予算の活動計画となります。一方、中期計画では部門横断的なプロジェクトが中心となり活動計画が策定されます。

②中期計画にはPDCAサイクルが不可欠

　予算については、経営トップは目標を設定し、結果評価することが役割となります。これに対し、中期計画では経営トップが中心となってPDCAサイクルを回すことが不可欠です。なぜなら、中期計画は仮説だらけの計画だからです。

　中期計画は、その前提として3年から5年後の将来を想定することが求められます。市場やライバルの変化予測に基づき中期計画は策定するのですが、その前提となる市場やライバルは、常に変化しています。

　課題に対する対策そのものも仮説でしかありません。また、対策の推進計画も仮説です。こんなメンバーと予算があれば、こんな風に進むはずだという仮説です。計画したメンバーや資金の調達だって思うようにいかないはずです。ましてや、対策が実現したとしても当初の期待通りの効果がでるのもまれです。

　仮説を検証し、検証結果に基づき仮説を見直しながら進めるという、PDCAサイクルを経営トップが中心となり推進する仕組みが中期計画の狙いを実現するには不可欠なのです。

▶ 2-2. なぜ、中期計画は実現できないのか

　中期計画の意義は、企業の存続と成長に向け、将来視点から早急に取り組むべき課題を明らかにし、その解決のための取り組みを行うことにあります。

　今日の稼ぎのための活動だけでなく、将来に向けた活動も同時に行わなければ、将来の発展どころか生存さえ危うくなるというのは自明の理です。

　しかし、この２つの課題解決を同時実現することとはきわめて難しいという事実を認識すべきです。

（１）利益意識が高い会社ほど、中期計画の実現は難しくなる

　特に、短期利益目標必達の組織風土が強固に作り上げられた組織ほど、中長期課題の実現は難しくなります。なぜなら、管理職は年度目標の達成に強いプレッシャーを感じており、自分がいまのポストにいるかどうかもわからない３年後、５年後に向けた課題解決など、どうしても後回しにしてしまいます。

　また、その必要性を感じたとしても、解決に向けた情報不足や関連部署との調整など時間とエネルギーがかかり、よほどの覚悟がない限り実現が難しいのが中期計画です。

（２）短期利益目標必達のプレッシャーが最も高いのが社長

　さらに言えば、社長自身がそもそも短期志向になりやすい存在だということを認識すべきです。短期利益目標について、最も強いプレッシャーにさらされているのが社長だからです。これらの事情から中長期課題の解決すなわち中期計画は絵に描いた餅になる会社が多いのです。

（３）取締役会がガバナンスを利かせる

　コーポレートガバナンス・コードの真骨頂は、この社長のショートターミズムに歯止めをかける役割を取締役会に求めている点にあります。

　取締役会ですから、誰かを取り締まるのが取締役会の役割のはずです。社長がショートターミズムに陥らないように取り締まることにより、本来の取締役会の機能を果たすための処方箋としてコーポレートガバナンス・コードが定められたのです。

社長の取り締りを社内出身の社長の部下である社内取締役だけでできるはずはありません。組織構造的には独立した社外取締役が必要です。そして、中期計画のPDCAサイクルを回す役割を取締役会が担うことにより、取締役はその本来の役割を発揮できるようになると考えます。

（4）取締役の業績責任を果たす
　事業の振り返り分析の重要性を述べましたが、質の高い振り返り分析には、質の高い中期（事業）計画が不可欠です。質の高い中期計画を策定するには、中期計画のPDCAサイクルを着実に回すしかありません。
　その時に、個々の事業が真の課題を認識し、的確な対策を策定し、着実に実施しているかをチェックし、実行させることが取締役の業績責任を果たすためには不可欠です。
　ショートターミズム（短期業績主義）が資本主義の大きな課題となっています。資本主義社会の根幹をなす会社は、そもそも構造的にショートターミズムに陥りやすい特性を持っています。
　企業のショートターミズムを是正するためのアクセルとブレーキとしての役割こそが取締役の業績責任と考えます。

　財務諸表等の会計情報は限界はあるものの、取締役や経営幹部がその業績責任を果たすために有用な情報を提供していることを述べてきました。また、財務諸表の限界を超えて定量情報と定性情報を統合するには、事業経営を診る視点を持つことが重要であることを述べさせていただきました。
　最後まで、読んでいただきありがとうございました。本書が少しでも皆様のお役にたてば幸いです。

要 約（7章）

1．事業経営を診る視点をもつことが取締役・経営幹部には不可欠。

　企業の存続と成長のためには、個々の事業の真の課題は何かを、事業経営視点から分析し、把握することが取締役には求められる。

　「事業経営を診る3＋1の視点」がその分析ロジックを表しており、式で示すと下記のとおりである。

$$成果＝環境×事業×能力$$

　財務成果は「環境」「事業戦略」「事業戦略の遂行能力」の3つにより決まることを示している。企業の存続と成長に向け、個々の事業についてその財務成果の原因が環境、事業、能力のどこにあるかにより、対策はまったく異なってくる。

2．中期計画のPDCAサイクルは回っていない。

　企業の存続と成長のためには、短期利益目標必達の組織風土を作り上げるとともに、将来の存続と成長に向けた課題を着実に解決していくことが不可欠である。後者の役割を担うのが中期計画である。しかし、この2つの課題を同時実現することは極めて難しい。

　中期計画は、企業の存続と成長に向けた仮説でしかない。仮説は検証することにより精度を増す。ところが中期計画が絵に書いた餅になっている企業が多い。

3．取締役の業績責任は中期計画のPDCAサイクルを回すことにある。

　特に、厳しい業績責任を負わされている社長は、短期利益目標の達成に目が向きやすく、中期計画の達成は後回しにしやすい。

　そんな社長を取り締るのが取締役の役割と言える。企業の存続と成長のために、中期計画のPDCAサイクルを着実に回すことこそが取締役の業績責任と考える。

<著者紹介>

飯田　真悟　（いいだ　しんご）

公認会計士、経営コンサルタント。株式会社日本能率協会コンサルティング（JMAC）テクニカルアドバイザー。
1976年　横浜市立大学商学部を卒業後、監査法人中央会計事務所入所。
1978年　公認会計士第3次試験合格。その後、1981年　社団法人日本能率協会に入職し、株式会社日本能率協会コンサルティングに転籍。現在は同社テクニカルアドバイザー。財務・会計分野における専門家として公認会計士、経営コンサルタントおよび全国の企業・団体向けの研修・セミナー講師の活動をしながら、後進の育成に努めている。

取締役・経営幹部のための戦略会計入門
－キャッシュフロー計算書から財務戦略がわかる－

2017年2月20日　初版第1刷発行
2023年6月5日　　第3刷発行

著　　者──飯田 真悟
　　　　　　株式会社日本能率協会コンサルティング
　　　　　　©2017 JMA Consultants Inc.
発　行　者──張 士洛
発　行　所──日本能率協会マネジメントセンター
〒103-6009　東京都中央区日本橋2-7-1　東京日本橋タワー
TEL　03（6362）4339（編集）／03（6362）4558（販売）
FAX　03（3272）8127（販売・編集）
https://www.jmam.co.jp/

装　　丁──重原 隆
本文DTP＆印刷所──広研印刷株式会社
製　本　所──株式会社三森製本所

本書の内容の一部または全部を無断で複写複製（コピー）することは、法律で認められた場合を除き、著作者および出版者の権利の侵害となりますので、あらかじめ小社あて許諾を求めてください。

ISBN 978-4-8207-5957-7　C 2034
落丁・乱丁はおとりかえします。
PRINTED IN JAPAN